国家自然科学基金面上项目"基于在线评论的网络消费者群体行为预测智能技术研究"（No.61471083）、教育部人文社会科学研究规划基金项目"基于在线评论的网络消费者群体行为机理及预测"（No.14YJA630044）、山东省自然科学基金博士基金项目"社交媒体环境下考虑消费者情感的品牌口碑传播机制及企业应对策略研究"（ZR2019BG011）研究成果

社交网络在线口碑
信息传播模型研究

RESEARCH ON ELECTRONIC
WORD-OF-MOUTH INFORMATION
DIFFUSION MODEL IN ONLINE
SOCIAL NETWORKS

崔雪莲 ◎ 著

经济管理出版社
ECONOMY & MANAGEMENT PUBLISHING HOUSE

图书在版编目（CIP）数据

社交网络在线口碑信息传播模型研究/崔雪莲著. —北京：经济管理出版社，2019.7
ISBN 978-7-5096-6775-0

Ⅰ.①社…　Ⅱ.①崔…　Ⅲ.①网络传播—研究　Ⅳ.①G206.2

中国版本图书馆CIP数据核字（2019）第154083号

组稿编辑：杜　菲
责任编辑：杜　菲
责任印制：黄章平
责任校对：陈　颖

出版发行：经济管理出版社
（北京市海淀区北蜂窝8号中雅大厦A座11层　100038）

网　　址：www.E-mp.com.cn
电　　话：（010）51915602
印　　刷：北京晨旭印刷厂
经　　销：新华书店
开　　本：720mm×1000mm/16
印　　张：10.75
字　　数：136千字
版　　次：2019年7月第1版　2019年7月第1次印刷
书　　号：ISBN 978-7-5096-6775-0
定　　价：78.00元

·版权所有　翻印必究·
凡购本社图书，如有印装错误，由本社读者服务部负责调换。
联系地址：北京阜外月坛北小街2号
电话：（010）68022974　邮编：100836

前　言

"互联网+"时代,社交媒体已经成为企业品牌形象建设的重要平台。2018年新浪微博与尼尔森联合发布的《微博营销品牌影响白皮书》指出,传统行业与新兴行业借助微博均可显著提升品牌影响力,其品牌推荐度提升率分别高达45.1%和54.8%。同时,社交媒体上的负面口碑也更加难以控制。以2015年10月"青岛天价大虾"事件为例,该旅游宰客现象通过微博等社交媒体的病毒式传播,几乎一夜之间引发对青岛及山东旅游品牌的全民讨论,大有"'好客山东'输给青岛一只虾"的趋势。实际上,相比于传统媒体,社交媒体的用户参与性、资源共享性、网络连通性等特征使得品牌口碑传播更加快速而广泛,极大地影响消费者品牌认知及品牌态度的形成,对品牌企业来说,这是机遇也是挑战。

在此背景下,本书结合复杂网络科学、信息传播理论、文本挖掘技术等理论和方法,从消费者、网络结构及口碑情感角度出发,研究在线口碑传播理论模型,分析社会化媒体环境下社交平台上口碑传播机理,为企业分析和预测口碑传播过程提供理论依据,有助于企业深入分析市场偏好,制定更加有效的营销策略。

本书主要研究思路与特色如下：

首先，针对短生命周期产品口碑传播中的消费者兴趣转移现象，基于传染病模型，构建个体兴趣转移行为下在线口碑传播模型。模型加入不感兴趣节点，突出消费者兴趣转移行为，以社区结构刻画消费者之间的社会关系强度。通过仿真和数值分析实验发现兴趣转移行为可以直接改变获得口碑信息消费者的数量，进而影响口碑传播速度，在口碑传播初期引起更多消费者的兴趣是口碑成功传播的关键；同时，个体兴趣转移行为对高度模块化或者低社区连边密度的网络口碑传播过程作用更加强烈。

其次，针对长生命周期产品口碑传播中的消费者社交网络结构不断变化的特点，提出一种基于个体流动性的动态网络结构描述方法，构建动态网络结构上口碑传播模型。通过求解模型的基本再生数发现消费者在不同社区的流动降低了口碑传播阈值，有利于传播的开始。仿真和数值分析实验结果表明，个体流动速率和社区吸引力显著影响口碑信息传播过程，尤其是在初期爆发阶段。由流动性和社区吸引力差异引起的消费者聚集效应可使得优势社区的局部传播显著增强，进而提升全局传播速度。另外，在社区结构强的网络上流动性对口碑传播的促进作用更加显著。然而社区流动性并不能总是有效地加速在线口碑的传播，当所有社区具有相同的吸引力时，提高或降低流动速率将不再促进或抑制口碑信息传播。

再次，针对在线口碑传播中正、负面口碑同时传播的现象，在口碑信息传播模型基础上，以传播状态和口碑情感值两个属性刻画消费者，构建考虑企业干预的在线口碑正负情感传播模型，将情感的传播融合于口碑信息的传播过程中。通过仿真实验发现初始口碑源的正、负口碑比例以及情感强度可显著影响在线口碑情感传播过程，强情感强度的情感更具传染性。另外，消费者对全局情感信息的感知能力也能有效影响口碑传播过程，平均感知度越高，受极端评论的影响越小。口碑传播初始阶段是企业采取措施的黄金时间，此阶段，企业增加单位资源投入，可显著抑制负面口碑传播；而且，此时企业感知风险时间越早，所产生的效果越强。

最后，以新浪微博三星 Note 8 手机产品口碑为例，分析在线口碑信息以及口碑情感的传播过程。通过实际数据分析发现微博口碑传播具有明显的爆发—渐进效应，即在初始阶段迅速爆发，随后进入缓慢持续传播过程，而本书提出的考虑个体兴趣转移行为的在线口碑传播模型能有效模拟该过程。另外，提出了一种基于主题情感相似性的文本评论情感分类方法，提取在线口碑正负情感，并以此分析了三星 Note 8 手机的在线口碑正负情感传播过程，验证了在线口碑情感信息传播模型的有效性。

在本书的编写过程中，得到了笔者博士导师那日萨教授的悉心指导和有力支持，那老师对领域前沿的敏锐洞察和高水平的研究指导让笔者得以顺利完成此书，在此，谨向那日萨教授表达最诚挚的谢意，由衷地感谢那老师的辛勤付出和精心培养！同时，也感谢笔者的博士同门刘晓君以及眭国钦、李慧、程晓康、田甜、彭振、韩金波、杨凡、张铭今、国显达、高欢、吴银昊等师弟师妹，感谢他们在学术研究中的团队合作和帮助以及生活中的陪伴和鼓励。最后，感谢我的父亲崔俊荣、母亲张桂萍以及先生陈颖璞。他们一直是我温暖的港湾和最坚强的后盾，让我安心地专注科研，完成此书。

由于笔者水平所限，编写时间仓促，所以书中错误和不足之处在所难免，恳请广大读者批评指正。

目 录

第一章 绪论 ·· 001

  一、研究背景与意义 ·· 001

  二、研究内容与结构 ·· 005

第二章 文献综述 ·· 011

  一、在线口碑内涵及传播要素概述 ···························· 011

  二、信息传播模型研究进展 ····································· 016

  三、在线口碑传播模型研究进展 ······························· 026

  四、国内外研究现状总结 ·· 033

第三章 考虑个人兴趣转移行为的在线口碑传播模型构建 ······ 035

  一、引言 ·· 036

  二、传播模型构建 ·· 037

三、仿真和数值分析……………………………………… 046

四、本章小结……………………………………………… 055

第四章 动态社区结构下在线口碑传播模型构建……… 057

一、引言…………………………………………………… 058

二、动态社区结构网络…………………………………… 059

三、传播模型构建………………………………………… 061

四、仿真和数值分析……………………………………… 071

五、本章小结……………………………………………… 081

第五章 在线口碑情感信息传播模型构建……………… 083

一、引言…………………………………………………… 084

二、在线口碑正负情感传播模型………………………… 085

三、仿真实验……………………………………………… 092

四、本章小结……………………………………………… 103

第六章 在线口碑正负情感提取及其传播实例分析…… 106

一、实例数据集…………………………………………… 107

二、微博平台上口碑信息传播过程分析………………… 111

三、微博平台上口碑情感传播过程分析………………… 114

四、本章小结……………………………………………… 133

第七章　结论与展望 ··· 134

　　一、结论 ··· 134

　　二、主要创新点 ··· 138

　　三、局限和展望 ··· 140

参考文献 ·· 142

附录：主要符号表 ··· 161

第一章
绪 论

一、研究背景与意义

(一) 研究背景

自 2004 年 Web 2.0 概念提出至今,互联网迎来了"关系为王"的时代(提姆·奥莱理等,2005)。Web 2.0 技术如维基百科(Wikipedia)、博客(Blog)、社会网络(Social Networking Service,SNS)、威客(Witkey)、即时通信(Instant Messaging)等为人们参与互联网带来了全新的体验,用户不再单向接收发布者的信息,而是逐渐成为互联网内容的主要生成者,形成了由用户生成内容（User Generated Content，UGC）与社交网络关系构成的社交媒体信息资源生态系统（冯芷艳等，2013）。《2016年全球社交媒体研究概要》表明，全球近74亿人口中，社交媒体活跃用户已达23.07亿人（Chaffey，2015），同年，据Kantar Media CIC发布的中国社会化媒体格局图显示，BATS（百度、阿里巴巴、腾讯、新浪）旗下平台用户总数达39.3亿人，中国的电子商务集成了更多的社会功能，越来越多的商家开始意识到社会化媒体中存在的巨大商业价值（Cic，2017）。

与报纸、无线电和电视等传统媒体不同，社会化媒体具有参与性、共享性、交流性、社区性、连通性等基本特征。社交网络用户通过主动构建好友关系或关注—被关注关系，形成跨越社会层级关系的网络结构，通过推送、转发等行为，信息以"裂变"方式传播，快速而广泛地渗入社会各个层面。2016年4月，如家旗下的和颐酒店女生遇袭事件发生12小时内5亿次阅读，在不到1个月的时间里引发的全网信息量高达360.7万条，累计阅读量超过31亿次，此事件导致如家酒店品牌声誉受到严重打击；同年9月三星Galaxy Note 7手机爆炸事件在微博等各大社交媒体上迅速发酵传播，其负面效应导致三星电子股价暴跌近7%，其手机品牌声誉严重受损。可见，大数据时代，社交媒体已成为信息快速传播的重要渠道，正面消息的传播能积极促进企业产品的销售，而负面消息的传播可能给企业品牌声誉带来极大的挑战。因此，研究社交媒体及其参与者构成的社会网络结构，以及相关网络信息传播机制具有重要的理论和现实意义。这涉及三个方面的主要问题：一是社交网络结构的复杂性及演化问题；二是现实社交网络信息（特别是在线评论等文本信息）的特点及信息提取；三是社交网络信息的传播机制及预测分析。

在线社会化网络结构具有高度复杂性。虚拟社区中用户关系的多样化使得一个消费者可以存在于多个社交网络中，形成了多层网络结构（Szell 等，2010）；同时社会化网络是一个动态系统，用户之间的关系会随时间变化，网络结构又具有瞬时性或称时变性（Holme 等，2012）特征。

消费者通常通过在线评论等口碑信息了解商家产品，因此，在线口碑近年来受到人们的广泛关注。在线口碑（electronic Word-of-Mouth，eWOM）是用户生成内容的一项重要形式，是指消费者通过基于 Web 2.0 技术的社交媒体平台，在网络上以文字、图片、视频等方式分享的关于产品、服务或品牌等体验、态度和情感（Mudambi 等，2012）。在线口碑为消费者决策提供了更多真实、客观的信息，影响并改变着消费者的购物决策。2015 年中国互联网信息中心（CNNIC）发布的中国网络购物市场研究报告显示，产品的在线口碑已成为网购消费者决策时最为关注的因素，其关注度为 77.5%。根据 Werbler 和 Harris 的一项调查显示，当消费者购买新的产品或者服务时，近 2/3 的用户会搜寻相关的在线顾客反馈来源，如在线产品评论、博客等（Werbler 等，2008）。这就要求必须实现在线评论等口碑信息的文本挖掘，确定消费者对产品与服务的正、负情感，为口碑传播分析和预测奠定基础。

在社会化媒体时代，在线口碑的传播呈现出新的特点：首先，在线口碑具有快速传播、高信息量的特点。社交媒体的方便快捷性以及网民的高参与度使得在线口碑大量生成并迅速传播，产生了高速、海量的大数据信息流。其次，在线口碑传播过程具有高度不确定性。影响口碑传播过程的因素复杂，除了消费者个体差异（Lee 等，2012）、意见领袖（Li 等，2013）等因素，社交媒体的内、外部复杂环境以及消费者心理和行为都显著影响着口碑传播过程。新的特点给在线口碑传播研究带来新的机遇和挑战，引起了计算机、网络科学、市场营销等跨学科学者浓厚的研究兴趣。

在此背景下，本书结合复杂网络科学、信息传播理论、文本挖掘技术等理论和方法，从消费者、网络结构及口碑情感角度出发，研究在线口碑传播理论模型，分析社会化媒体环境下社交平台上口碑传播机理，为企业分析和预测口碑传播过程提供理论依据，有助于企业深入分析市场偏好，制定更加有效的营销策略，推动面向社会化媒体的在线口碑传播理论方法和应用研究。

（二）研究意义

在市场营销研究领域，口碑传播问题一直备受关注。而随着社交网络的发展及大数据的产生，在线口碑及其传播研究受到了国内外来自市场营销领域、复杂网络领域、计算机科学领域学者的广泛关注，具有较高的学术研究意义和实际应用价值。

在理论方面，本研究有助于深层次理解在线口碑传播过程，完善在线口碑传播理论框架。首先，由于口碑传播发生于用户之间，其个体特征及行为对传播过程至关重要，构建描述个体行为对传播意愿的影响模型具有极大的必要性；其次，研究社会关系对在线口碑传播规律的影响，有助于从宏观角度认识口碑传播对社交网络结构的依赖程度，进而深入理解消费者口碑传播行为的动力根源；最后，在线口碑中蕴含大量消费者情感信息，口碑情感传播模型的构建可进一步完善社交网络情感传播理论框架。

在现实方面，一方面，社交媒体营销本质上期望将产品信息推送至当前或潜在顾客，研究在线口碑传播模型有助于企业制定影响力最大、传播范围最广的营销策略，针对不同的网络环境及用户群体，设计不同的口碑传播策略，对企业提高投入产出比有重要意义；另一方面，负面口碑对企业形象及声誉影响极大，研究口碑情感传播过程有助于企业及时采取策略促进正面口碑传播并抑制负面口碑传播，同时，实时分析正、负面口碑传播过程对企业掌握消费者品牌态度、了解消费者需求具有重要作用。

二、研究内容与结构

（一）研究内容

研究在线口碑传播问题的目的是探究其传播要素、传播机理，构建合理的在线口碑传播模型，预测传播效能，为企业控制产品口碑传播寻找途径，从而实现产品宣传以及品牌知名度的提升。促进正面口碑传播，扩大正面口碑传播范围一直是企业所追求的，而社会化媒体环境下，以消费者为中心的传播使得正、负面口碑同时传播，企业控制口碑情感的难度提高，如何抑制负面口碑的传播也成为企业关注的重要问题。为分析正、负面口碑传播机理，本书由简入繁，分两步解决：

首先，不考虑口碑情感，仅分析口碑信息的传播过程。口碑传播时间与产品生命周期长短有关，对于短生命周期产品（如电影、电子产品等），其口碑传播时间较短，此时，可视网络结构为静态的，同时，由于这类产品更新换代快，消费者兴趣很容易变化，这种兴趣转移行为对短周期产品口碑传播的影响不可忽视。长生命周期产品（如家具、医药品或者品牌）的口碑，其传播时间较长，此时，消费者的社会关系会逐渐发生改变，因此，对于长生命周期产品或品牌的口碑传播研究必须考虑网络结构的动态变化。

其次，在口碑信息传播的研究基础上，分析在线口碑中表达的消费者情感，研究正、负面口碑同时传播问题。鉴于口碑与企业形象的重要性，企业往往会采取一定的措施干预口碑情感的传播，因此，对于正、负面口碑传播过程的研究需要考虑企业干预的影响。

基于以上分析，本书分别从消费者角度、网络结构角度以及口碑本身出发，研究不同情形下在线口碑传播机制及过程。研究的主要内容包括：

1. 从消费者角度出发，研究个体兴趣转移行为对在线口碑传播过程的影响

在线口碑传播以消费者为中心，在传播过程中消费者具有明显的主观性。广告学、营销学领域研究均强调了消费者兴趣在产品营销过程中的重要作用。本书以传染病模型为基础，构建基于个体兴趣转移行为的口碑传播模型，该模型通过社区结构刻画消费者之间的社会关系强度。通过仿真和数值分析实验，分析个体兴趣转移行为在不同社区结构强度下对口碑传播过程的影响。

2. 从网络结构角度出发，研究动态社区网络结构对在线口碑传播过程的影响

口碑传播的时间通常和产品的生命周期相当，对于长生命周期产品，在口碑传播过程中，消费者的社交网络结构实际是不断变化的。本书研究提出一种基于个体流动性的动态网络结构描述方法，在此基础上，构建动态网络结构上口碑传播模型。最后，通过仿真和数值分析实验，分析网络社区结构的动态变化对在线口碑传播过程的影响。

3. 从口碑本身出发，研究在线口碑情感挖掘以及口碑情感传播过程

在线口碑中蕴含消费者情感信息，在口碑传播过程中伴随消费者情感传播。本书研究分为两部分：一部分从传播学角度，基于情绪传染理论，分析在线口碑情感传播过程。该部分基于口碑传播模型给节点增加一个情感值属性，构建口碑情感传播模型，

并通过仿真实验分析企业干预对口碑情感传播的控制效果。另一部分从企业实践角度，基于文本挖掘理论，挖掘文本口碑情感信息。该部分提出一种基于主题相似性的文本评论情感分类方法，并以新浪微博三星 Note 8 产品口碑为例，自动对口碑情感分类，并以实际数据分析口碑信息以及口碑情感的传播过程，验证所提理论传播模型的有效性。

以上研究内容的技术路线如图 1.1 所示。

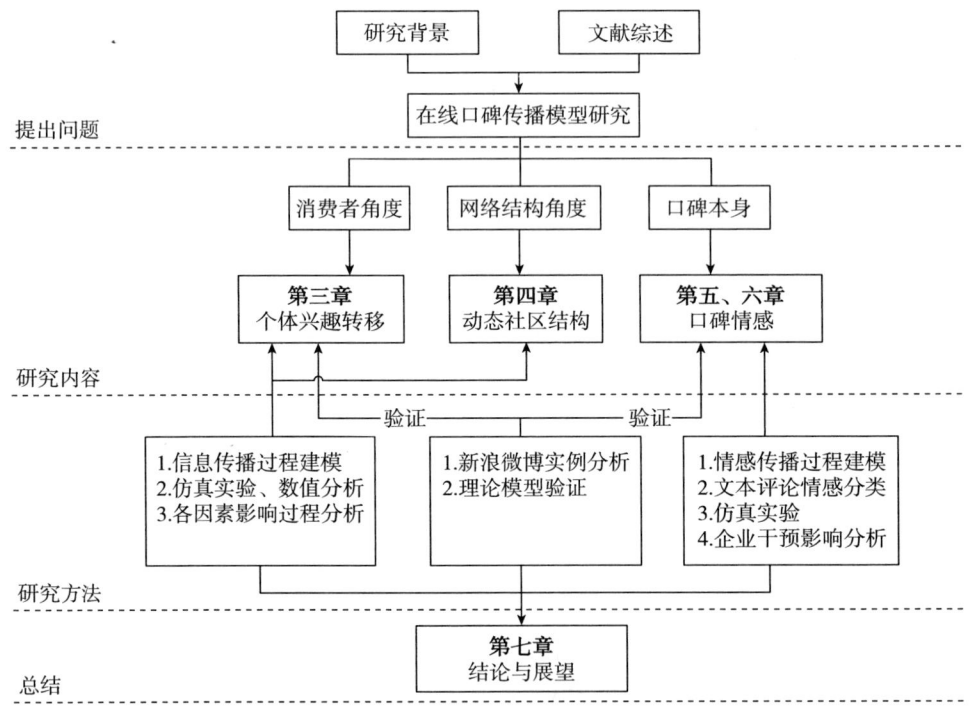

图 1.1　技术路线图

第一章 绪论

（二）全书结构安排

基于研究内容，本书的具体章节安排如下：

第一章，绪论。阐述研究背景以及研究意义，并从总体上介绍了本书的研究内容以及框架。

第二章，文献综述。分别从在线口碑、复杂网络及信息传播模型、情感传播模型三个方面详细地阐述了相关文献，分析总结现有研究的不足之处。

第三章，考虑个人兴趣转移行为的在线口碑传播模型构建。基于 SIR 传染病模型，研究了个体兴趣转移行为对社交网络上在线口碑传播的影响。以仿真的方法检验模型分析的准确性，并以数值分析方法分析网络社区结构、兴趣转移等对口碑传播过程的影响。

第四章，动态社区结构下在线口碑传播模型构建。提出一种以个体社会流动性来描述动态网络社区结构的方法，并研究此网络上的口碑传播动力学过程。通过求解模型基本再生数分析了网络社区结构及动态属性对口碑传播阈值的影响，以数值实验方法分析了个体流动性、社区吸引力对口碑传播过程的影响。

第五章，在线口碑情感信息传播模型构建。结合心理学上的情绪感染理论以及传播动力学理论，基于 SIR 传染病模型研究社交网络上口碑信息及其情感的传播过程，构建了考虑企业干预因素的在线口碑情感传播模型，采用仿真模拟方法揭示口碑情感的传播机理及内在规律，并研究了企业干预包括措施采取的时间，资源投入的数量对口碑情感传播的影响。

第六章，在线口碑正负情感提取及其传播实例分析。基于新浪微博三星 Note 8 产品口碑数据集分析微博平台上口碑信息的实际传播过程，并以基于兴趣转移行为的传播模型模拟该过程，对该理论传播模型的有效性进行验证。另外，提出一种基于主题情感相似性的文本评论情感分类方法，以此方法判别实例数据集的口碑情感，并分析了三星 Note 8 产品的口碑情感传播过程。

第七章，结论与展望。归纳总结主要研究工作和相关结论，阐述主要创新点，并指出了研究的局限，同时对未来进一步的研究工作进行展望。

第二章
文献综述

一、在线口碑内涵及传播要素概述

(一) 在线口碑内涵

在线口碑 (electronic Word – of – Mouth, eWOM) 允许消费者在彼此之间进行社交互动,交换产品相关信息,并通过在线对话,做出明智的购买决策 (Blazevic 等, 2013; Hoffman 等, 1996)。传统口碑指"非商业通信者与接收者之间关于品牌、产品或服务销售的口头的个人对个人的交流" (Arndt, 1967)。其传播方式主要是面对面、一对一的交流。不同于传统口碑,在线口碑则是以计算机为中介,通过在线社区形成的虚拟网络的交流(Kozinets 等,2010)。徐琳(2007)从知识角度,将网络口碑视为一种消费知识,认为网络口碑是"通过消费者实践、研究或调查获得的关于产品、品牌或公司的事实和状态的一种认识"。Hennig – Thurau 等(2004)将在线口碑定义为"潜在的、实际的或先前的顾客通过互联网向大众群体和组织提供的对产品或公司的任何积极或消极的陈述",并将在线口碑区分为正面口碑和负面口碑。Litvin 等(2008)给出了一个更加全面的在线口碑的定义,即互联网上所有消费者之间关于产品体验、产品特征、服务或者商家的非正式交流。

在社会化媒体环境下,在线口碑已经成为消费者之间、消费者与企业之间互动、交流和联系的新形式(鲁奇,2014)。互联网是一个庞大的分布式媒体,其上的在线交流平台高度分散,因此,在线口碑通常发生于广泛的虚拟社区中,其中,电子商务平台、在线专业论坛、博客以及社交网络(SNS)是四类主要平台。通信的在线本质使得在线口碑的生成和使用产生了一些新的特征(King 等,2014)。

数据量增大:鉴于互联网的多方面性,在线口碑的数量和覆盖面是前所未有的(Dellarocas,2003)。如 Liu(2006)所述"WOM 的数量越多,消费者就越有可能得到有关产品的信息。毫不奇怪,越高的产品认知度往往会带来越高的销售额"。

持续可见性:eWOM 持续存在,并保留在公共存储库中(Dellarocas 等,2008),消费者可以随时检索相关产品或服务的已有评论，也因此，区别于传统口碑仅能发生于强关系之间，在线口碑则可通过弱关系传播（Hennig-Thurau 等，2010）。

匿名性和欺骗性：互联网本身是一个相对匿名的媒介。部分商家的自利行为如操纵在线评论获取高额回报，导致在线口碑的可信度和资讯性直接下降（Resnick，2000）。在匿名和潜在欺骗的环境下，提高在线评论的质量而非数量成为一个关键问题（Mudambi 等，2012）。

效价：消费者发布的产品评论中，其文本内容或者星级评分会反映消费者对产品的推荐程度。数字评分可以较好地体现口碑发表者的观点（Chevalier 等，2003）。通常，在线评论的评论效价主要区分为正、负效价，对应正、负面评论。评论的不同效价能显著影响消费者的购物决策（Li 等，2008）以及企业产品的销量（Cui 等，2012）。

社区参与性：用户在发布在线口碑的虚拟网络中参与或组建不同的消费者社区（吴记，2015），这种社区具有专业性，而且不依赖地理位置（De Valck 等，2009）为消费者讨论产品功能、学习专业知识、表达不满情绪提供互动交流途径。消费者社区成为发展消费者—消费者、消费者—企业关系的重要平台（Yeh 等，2011；Schau 等，2009）。

社交网络具有强大的传播能力，成为企业营销最新青睐的平台。以微博为例，越来越多的企业选择在微博平台建立官方账号，发布信息并推广产品，促使消费者传播口碑。微博是一种当代现象，是指发送者通过特定的基于网络的服务向其社交网络的一些或所有成员发送简短的消息（Kaplan 等，2011），如 Twitter 和新浪微博。Hennig – Thurau 等（2015）在研究电影口碑和票房收入关系时，将微博上的口碑定义为一种新型口碑——微博口碑（Microblogging Word – of – Mouth，MWOM），具体为"消费者通过特定网络服务实时向其社交网络的某些或所有成员广播的关于商业实体或产品的简短陈述"。并指出通过微博口碑，消费者可以前所未有的速度向广大的相互连接的消费者分享关于市场供应产品的售后质量印象，在没有其他售后口碑信息广泛可用且消费者更多基于商家销售信息做出决策时，微博口碑直接影响早期消费者是否采用新产品。

（二）在线口碑传播要素

1. 传播者

口碑传播者是指口碑传播的发起者或者传递者，即在所有非正式的交流中以文字、图片或视频的形式主动评价相关产品或服务的消费者，或者是转发接收到的口碑信息的消费者，其中包含了企业和媒体。口碑传播者中最具影响力和传播力的是意见领袖（Katz 等，1955），他们可以通过不对等影响力影响其他消费者的购物决策（Rogers 等，1962）。

2. 接收者

口碑接收者是指从口碑传播者中接收到口碑信息的消费者，其接收方式可以是被动的也可以是主动的。在社会化媒体环境下，口碑接收者并不仅仅是被动地接收信息，通过主动搜索获取产品信息已成为消费者接收口碑的常见方式，消费者通过互联网，在不同的社交媒体平台搜索在线口碑、产品广告、媒体报道等相关产品或服务信息，以此来消除购买决策中的不确定性，降低购物风险（Ohanian，1990）。

3. 传播内容

口碑传播内容即是在线口碑本身，可以是所有网络上消费者发布的关于产品或服务的积极或消极的信息，其形式多样，可以是文字、表情、图片或视频等。目前研究多集中于文本形式的口碑，主要原因是其所含信息量大，并且易于分析。口碑信息是一种评价信息，体现消费者的积极或消极态度（Kim等，2012；Verhagen等，2013），蕴含大量的情感信息。

4. 传播渠道

口碑传播渠道是指传播内容的媒介，也指口碑传播的手段。互联网为口碑传播提供了多样化的方式和多元化的渠道，如在线论坛、电子商务平台等。在线口碑传播渠道呈现出分众化的特点（杨扬等，2016），如中关村的手机论坛、马蜂窝旅游论坛等。近年来，微博、Twitter等社交网络因其强大的传播能力成为口碑传播的一条重要渠道（唐李洋，2015）。

在线口碑传播过程中，每个消费者所担任的角色是不固定的。口碑接收者，可以再次传播接收到的口碑信息，转变为传播者。传播内容和传播渠道也不是固定的。口碑信息再次传播时，传播者会依据对产品或企业的认知，表达自己的观点和态度，产生不同的口碑信息。同时，传播者可以选择不同的渠道传播该口碑信息，如消费者可以将在线论坛的口碑信息分享到微博、微信等社交网络平台。

二、信息传播模型研究进展

在线口碑是信息的一种，社交网络在线口碑传播本质上是信息传播，本部分梳理国内外信息传播模型的研究进展，有助于从信息传播角度理解在线口碑传播问题。

对于信息传播的研究，一般而言，实证研究多从数据出发，从宏观层面分析信息爆发的现象；动力学研究多从微观层面入手，理解信息传播的驱动机制，多数采用SIR/SIS等类似的疾病模型变体；而应用研究多从数据或模型的拟合角度出发，期望通过预测信息爆发的结果来采取对应的舆情防控措施。信息传播由于涉及领域较多，其应用也非常广，如口碑传播、舆情预测、金融动荡预测等。

（一）复杂网络与在线社会网络

网络科学与工程学科逐步形成并迅速发展，复杂系统包括复杂网络作为基础研究已列入《国家中长期科学和技术发展规划纲要（2006—2020年）》。网络科学与工程融合了多个理论和工程学科，以复杂系统自组织演化的思想，在数学、统计物理、计算机科学等学科的基础上，建立新的理论和方法，如网络拓扑学和网络动力学，以此来探索复杂系统的本质。

复杂网络研究热潮始于20世纪末小世界网络（Watts和Strogatz，1998）和无标度网络（Barabasi和Albert，1999）的提出，论文作者首次将统计物理学引入网络研究，可以说统计物理学的介入是当前复杂网络的研究特征。由于复杂网络的跨学科性，该领域的研究学者也分散于多个学科。国外从事复杂网络研究的学者多在理论物理专业，国内则分散于理论物理、自动化、计算机科学、管理科学与工程等专业。

社会网络即是以人或其他具有社会意义的实体为节点，以社会关系如朋友关系、合作关系等为连边所构成的网络。由Milgram（1967）提出的六度分割理论发展而来，在线社会网络又称社交网络，人与人之间的社会关系变成了以计算机和网络为中介，网络社交行为产生了社交网络。

在线社会网络与传统社会网络的最大区别在于网络规模，随着互联网技术的发展，越来越多的陌生人之间产生虚拟的社会关系，在线社会网络的规模呈现指数级增长。原有的分析小规模社会网络的方法已经不再适用于大规模的在线社会网络分析（Newman，2003）。复杂网络理论成为在线社会网络分析的主要工具和方法。从网络结构的度量标准方面来说，传统社会网络分析多采用对单个或多个节点的度量标准，如节点度、相似度等；而在线社会网络的大规模性，弱化了单个或少数节点在网络中的作用，也体现了网络结构节点变化的鲁棒性,通常采用复杂网络理论中的基于统计分布的度量标准,如度分布、集聚系数、同配系数等。

总体来说,在线社会网络是复杂网络的一种,体现了人类社会组织结构和活动,其网络结构及其上的动态过程研究均可采用复杂网络理论。

(二) 信息传播模型

信息传播的动力学研究中的主流理论多由国外学者提出,具体地,Kermack 和 McKendrick 提出传染病模型,至今,学者们依然多数采用该传染病模型变体,并针对不同网络结构上的传播过程提出不同的理论方法,如平均场近似、异质平均场近似、淬火平均场近似、动态信息传递方法、边渗流理论和点对近似方法等。复杂网络信息传播模型和理论研究面临两个关键问题:一是对网络结构的描述;二是对节点间传播动力学关联性的描述。在模型构建中,假设条件的减少会使模型更加接近实际,然而往往会使描述方程数增加,针对不同的研究目标选择合理的假设,构建准确、简练的模型是信息传播理论和模型研究中重要的一个问题。

针对复杂网络信息传播的各种情况,学者们提出的信息传播模型主要有三类:

第一类是阈值模型(Threshold Model),包括线性阈值模型和一般阈值模型。阈值模型的提出主要用以描述集体行为,并且假设邻居节点对传播过程发挥重要作用（Granovetter，1978；Nematzadeh 等，2014）。采用阈值模型的研究主要集中于何时触发传播中的全局级联问题（Watts，2002），如何求解各种复杂网络的传播阈值（Centola 等，2007），广泛应用于多层网络（Brummitt 等，2012）以及时间网络（Yagan 等，2012）的研究中。

第二类是级联模型（Cascading Model）。级联模型的提出是受到相互粒子系统理论的启发（Liggett，1985）。首先是在营销模式研究中提出了独立级联模型（Independent Cascading Model，ICM）（Goldenberg 等，2001），模型中，一个节点是否接收来自激活节点（获得信息并且愿意传播的节点）传播的信息与其他激活节点对其的影响相互独立。随后，学者们基于 ICM 模型，考虑不同传播现象提出了不同的级联模型。例如，为了描述信息在人群中传播时出现的时间延迟现象，研究者引入时间延迟参数，提出了一种连续时间独立级联模型（Continuous – Time Independent Cascade Model，CTIC）（Saito 等，2010）；在 CTIC 模型基础上，研究者考虑传播过程的时间动态变化，提出了 T – BASIC（Time – Based Asynchronous Independent Cascade Model）模型（Guille 等，2012）。

第三类也是最后一类，即最广泛采用的传染病传播模型（Epidemic Model）。传染病模型是由 Kermack 和 McKendrick（1927；1932）首先提出的，他们是受到 Daniel Bernoulli 用数学分析方法分析天花在人群中的传播过程的启发。类似于阈值模型和级联模型,传染病模型将人群分为不同的流行疾病中最常见的状态即易感染(S,Susceptible)、感染(I,Infected)以及免疫(R,Recovered)状态,由此产生了不同的传染病模型,如SI、SIS、SIR模型。针对不同的传播模型,不同的求解传染病模型数学分析方法被提出。常用的有平均场方法(Yang等,2007)、点对近似方法(House等,2011)以及基于边渗流理论的生成函数法(Hamilton等,2014)。

信息传播是一种复杂的社会传染过程,与传染病传播有很大不同,主要表现在三方面:①在传播者方面,传染病的传播者是被动传播的,而信息传播者则是主动传播,其社会身份或者个人兴趣在信息传播中占主导地位;②在传播体性质方面,信息如谣言、观点等具有时效性和可靠性,而疾病则持续存在且具有侵入性;③在传播路径方面,疾病的传播需要物理接触,而互联网时代信息传播更多是通过在线网络传播。因此,在研究信息传播模型时,往往需要在传染病传播模型中引入信息传播特征,构建改进的传播模型。

社会强化现象是信息传播过程的一项重要特征。Centola等(2010)通过实验发现了社交网络行为传播存在社会强化现象,即个体在决定接收信息或者采取行为时,若多次接收到其邻居个体的推荐,那么该个体的接收意愿会加强。Zheng等(2013)基于SIR模型,提出了一种含有四种状态(Unknown – Known – Approved – Exhausted)的社交网络上的信息传播模型,引入社会强化作用强度参数,研究了社会强化作用对信息传播的影响,对

Centola等的实验予以理论解释。Ma等（2016）考虑消极和积极的两极社会强化作用，探讨了社交网络中谣言的传播过程，发现正向增强因子减低或负增强因子增加可有效抑制谣言的传播。Zhou等（2015）采集大量微博消息传播以及微博用户转发的数据，以数据驱动分析法探讨微博信息传播受到社会强化现象的影响，发现当信息多次暴露于同一个用户时，其被转发倾向比单次暴露的信息更高，且信息反复暴露能带来稳定的传播范围的增加。Monsted等（2017）通过"社交机器人"设计了控制实验，验证了Twitter上的信息传播是一种复杂传染过程，即传播过程会受到社会强化作用、趋同性、有限注意力等的影响。

由于信息传播机理的复杂性，网络结构在信息传播过程中起到重要作用，其对信息传播过程的影响被广泛研究。其中学者们研究最多的是社区结构的影响（Xu等，2016；王珍等，2017）。在现实社会系统中，具有相似兴趣的个体通常联系更加频繁，这些用户之间的连边更加紧密，因此社交网络如Facebook、Twitter、新浪微博、腾讯QQ等存在明显的社区结构（Ferrara，2012；Goncalves等，2011）。由于社会强化作用和趋同性，高度集聚的社区内部的信息传播得到加强，而社区之间的传播则受到阻碍。模块度是衡量一个网络社区结构程度的重要值，指社区内部连边与相同度分布下的随机网络连边密度之差（Girvan等，2006；Wu等，2016）。对于一个高模块度的网络，网络模块化程度较高，其社区内部连边密度远远高于社区之间的连边密度。因此，社区结构对信息全局传播的抑制作用与网络模块度直接相关

(Gallos 等，2007）。

尽管目前已经提出了多种模型研究信息传播过程，但是由于社会关系的复杂性，构建社交网络上的信息传播模型一直是一项具有挑战性的任务，很多问题仍需深入研究。例如，社交网络用户行为是怎样影响信息传播过程的？如何将时间维度和空间维度同时考虑在传播模型中（Wang 等，2012）？

（三）动态网络信息传播模型

现实网络结构多为动态变化，在线社会网络的一个重要特征为瞬时性或时变性。研究静态网络上的信息传播问题的学者通常认为，相比于网络的生命周期，信息的时效性极为短暂，信息传播中可视网络结构为静态。然而，实际中，在线口碑的时效性通常与产品生命周期甚至品牌生命周期相当（Yamamoto 等，2009），在其传播过程中，网络结构不断变化。忽略这样的真实系统的连接模式随时间不断变化的性质，往往会在描述网络上发生的动态过程中引入强偏差（Pfitzner 等，2013；Holme，2014）。因此，近年来，涌现了大量研究网络结构的动态特征及其上的动态过程的文献，社交网络领域的最新研究重点从静态转移到动态表征（Ubaldi 等，2017）。

自适应模型（Adaptive Networks Model）以及活跃度驱动模型（Activity Driven Networks Model）是描述网络结构以及传播动力学过程的共同演化现象的两类主要模型。在自适应模型（Gross 等，2006；Guo 等，2013）中，个体以一定概率断开与感染节点的连边,同时随机选择一个未感染的健康节点建立连边。Gross 等（2006）发现在自适应 SIS 模型下,当有效传播速率在临界值以上时出现双稳态。Feng 等（2016）研究了加权自适应网络中的流行病传播,发现个体间较强的相互作用可导致疫情门槛提高。Ogura 等（2016）基于 ASIS（Adaptive Susceptible-Infected-Susceptible）模型,使健康节点可以切断与感染节点的连边,防止感染扩散,并提供了一种调整最佳适应率的算法。Trajanovski 等（2015）区别于之前模型的离散时间适应率,提出了两个连续时间自适应模型 AID（Adaptive Information Diffusion）以及 ASIS 模型,将自适应流行病传播模型扩展到自适应信息传播模型,并通过 Facebook 数据表明了 AID 模型与现实传播的良好契合性。

基于活跃度驱动的模型（Perra 等,2012）,个体在每个时刻以一定概率被激活,发生传播行为。Perra 等（2012）基于 SIS 模型采用异质平均场理论,探索了在活跃度驱动网络模型上发生的传播过程,该类模型的爆发阈值明显高于所对应的聚合网络的爆发阈值（Starnini 等,2014；Liu 等,2012）。Alessandretti 等（2017）认为社交网络中节点参与社会活动以及被活跃节点选择的概率是不均匀分布的,他们发现异构分布的节点活跃度和吸引力对网络上的动态传播过程产生重大影响。Zino 等（2016）建立了一个连续时间离散分布框架,给每个节点分配活跃度,以此分析了传染病传播过程。Guo 等（2016）考虑了现实社会网络的多层性,建立了一个两层网络模型研究耦合动力学过程。Lei 等（2016）考虑了一个同时具有静态结构和动态结构的网络,引入静态和活跃度驱动耦合(SADC)网络模型来表征静态(强)结构和动态(弱)结构之间的耦合,并分析了 SIS 和 SIR 模型的传播阈值,结果表明弱结构对疫情暴发可产生实质性的影响。

上述模型大多从微观个体交互模式探究网络的动态属性,也有很多学者研究中尺度网络结构的变化,如社区结构。Li 等(2011)发现,当动态过程和拓扑结构的共同演化的耦合强度足够大时,网络系统会自发地形成社区,这说明模块化结构也在瞬时变化。Liu 等(2017)研究了时变社区结构网络上的社会传染过程,以活动驱动网络模型描述社区结构的动态变化,在此基础上,提出了一个非马尔科夫社会传染模型,他们发现社区结构强度能显著影响社会传染范围。Medvedev 等(2017)基于移动电话记录数据,研究了网络社区结构以及活动阵发性对信息传播的影响,指出城市内部的传播依赖于平均连接程度,而城市之间联系则作为桥梁可以大大加快传播进程。

中尺度结构的改变本质上来源于微尺度结构的变化,因此也有学者将中观结构变化和微观个体事件相结合,研究社区结构的动态演化。Asur 等(2007)提出一种基于事件的描述网络社区结构演化过程的方法,考虑了个体行为对社区结构的影响,考虑了个体的出现、消失、加入以及离开社区四种行为。在这四种行为的基础上,给出了多种描述个体以及社区的度量指标,用以辨别并认识网络社区结构演化。例如,将加入特定社区的个体数和离开该社区的个体数之差称作社区吸引度,用以描述社区对个体的吸引程度；将受某个个体影响而加入该个体所在社区的个体数目称作影响度，用以描述某个个体对其他个体的影响程度。在此基础上，Yang等（2017）研究了网络中心增加节点的集体行为对网络社区结构的演化影响，通过Facebook、Wiki等真实网络数据的研究发现，新增加节点倾向加入规模较小的社区。Ren等（2014）则进一步受人类流动性研究（Li等，2012）的启发，引入了一个称为移动速率的参数，用以指示个体跳到其他社区的概率，以此对社区网络动态性建模。这些研究工作为研究动态社区网络上的信息传播过程提供了新的思路。

以上这些研究工作从不同尺度构建了相应的网络模型并分析了网络上的传播动力学过程，为研究社交网络上的信息传播提供了各种理论方法。总体来说，这些传播模型主要从两方面展开：一是在传染病模型的基础上，考虑复杂的信息传播特征，如社会强化作用等，构建相应的传播模型；二是考虑不同的网络结构特征，如社区结构、动态结构等，构建不同情况下的传播模型。本书所研究的在线口碑传播问题，口碑的时效性和产品生命周期甚至品牌周期相当，对于企业品牌或者生命周期长的产品如家具等的口碑，其时效性较长，因此，在传播过程中网络结构是动态变化的。现有的动态网络传播模型研究多集中于微观尺度，虽然很多学者描述了中尺度社区结构的动态演化，但是从社区结构角度构建的信息传播模型较为不足，需要进一步研究。

三、在线口碑传播模型研究进展

在社会网络理论中，以人为节点，社会关系为连边形成社会网络结构，个体行为如在线口碑传播行为则嵌入在其所处的社会网络之中（Granovetter，1985）。社交网络作为在线口碑传播的载体，其拓扑结构对口碑传播过程至关重要。为了从宏观上分析在线口碑传播过程，学者们基于社会网络理论和信息传播理论研究了在线网络结构及其对口碑信息传播的影响。

（一）在线口碑传播影响因素

在线口碑传播过程影响因素复杂，对该问题的研究建立在人际传播信息双向研究法上（Gilly等，1998）。但互联网科技的发展使得营销模式产生了重大变革，新环境下，口碑传播者与接收者的特征、传播渠道及传播内容同样随之改变，这使得影响口碑传播过程的因素也更加多样与复杂。

1. 传播者特征

在社会化媒体营销中，消费者是传播主体，扮演着口碑传播者和接收者的角色，其个体特征及行为对口碑传播过程及结果具有重要的影响作用。

对于传播者特征的研究主要集中于传播动机、来源可信度等方面。Dichter（1966）最早对口碑传播动机进行研究，指出"口碑传播者的主要动机有四点：产品涉入、自我涉入、利他及信息涉入"。在线口碑产生于新的互联网环境下，消费者发布及传播口碑动机也随之变化。Henning等（2004）对在线口碑传播动机研究发现，社会互动要求、经济回报、关心其他消费者、提升自我潜在价值以及追求心理平衡是消费者的在线口碑传播的主要动机。进一步地，研究发现负面口碑相对于正面口碑，其传播速度更快，对企业形象及经济效益影响更大，因此，有不少学者专门针对负面口碑传播行为进行研究。Wetzer等（2010）对负向口碑的传播动机进行了研究，发现了消费者的多项传播动机，包括心理安慰、情感发泄、警示他人等。Luarn等（2016）研究了社交网络上口碑传播行为动机，指出不仅社会结构（关系强度、表现力、社会提升、关系管理、规范和信息影响力），而且个人结构（利他主义、自恋、形象建设和成就）都对用户参与口碑传播行为产生积极影响。

由于在线口碑的匿名性、欺骗性特征，口碑来源可信度的问题被广泛研究。Ohanian（1990）指出口碑来源的可信度是指接收者对传播者及所传播内容的一种主观观念和看法，而并非传播者本身的固有特征，并强调了来源可信度的相对性。Hussain等（2017）讨论了在线口碑来源可信度和消费者感知风险的关系，发现对口碑来源的信任可有效降低消费者的决策风险。陈明亮等（2008）从不同维度分析了来源可信度，将其归纳为专业性、可靠性以及客观性，通过实证方法探明了口碑来源可靠性对消费者再传播意愿的影响作用。口碑来源可靠性也可理解为口碑信息接收者对传播者或其传播内容的信任程度（Gvili 和 Levy，2016）取决于接收者对传播者的信任（铁翠香，2011）。Bian（1997）指出，在中国的人际关系中，若两者之间是强关系，那么便会相互信任；若是弱关系，则互动关系更为保守。

2. 接收者特征

对接收者因素的研究则在于接收者专业性和消费者兴趣的研究。口碑接收者的专业性是指接收者所了解的相关产品或企业的信息，如产品功能、使用方法、企业文化等，它在一定程度上反映了消费者对产品或企业属性的认知水平。Herr 等（1991）研究发现，对品牌有一定认知的消费者受到口碑影响较小，反之，则较易受到影响。另外，专业知识程度高的消费者要比专业知识程度低的消费者具有更高效的处理信息的能力（Brucks，1985）。产品经验丰富即专业性较高的口碑接收者更加容易对口碑信息产生怀疑。

口碑接收者除了被动接收来自传播者的口碑信息外，更多地会主动搜索口碑。广告学领域的研究指出，消费者兴趣是主导产品营销信息传播的因素。在以消费者为中心的营销模式下，北京大学教授刘德寰等（2013）提出了兴趣—搜索—口碑—行动—分享的 ISMAS 的营销法则，它强调了消费者以兴趣为核心的主动获取并生成口碑信息的主动搜索行为。

3. 传播渠道特征

在线口碑传播渠道主要是社交媒体、电商平台、在线论坛等，由于用户特征及平台特征的不同，不同传播渠道的口碑传播过程也不同。Erkan 等（2016）对比了社交媒体上朋友推荐信息以及购物平台上匿名购物者的在线口碑对于消费者购物决策的影响，发现购物平台上在线口碑信息更加详细、专业，因而消费者更易受购物平台上在线口碑的影响。Gvili 等（2016）研究了不同渠道消费者的在线口碑传播态度，指出企业应根据其目标调整在线口碑传播媒体选择策略：博客和社交网络对于品牌态度的形成更有效，而在线论坛则增强了口碑的可信度。Okazaki 等（2017）考察了游客在社交媒体中的知识共享行为，发现社会互动、共同愿景、信任关系三个方面对不同类型社交媒体上的知识共享行为是不同的，社会互动能有效激励用户发表评论，而共享愿景只能推动 Facebook 用户的评论行为。Lin 等（2017）从媒体技术角度研究了移动社交媒体上口碑传播动机，发现即时的社会情感交流和即时信息交流是促进消费者口碑传播行为的新动机，而这是由新媒体技术实现的。

4. 传播内容特征

在社交媒体上，很多消费者发布或者转发产品评论时，并没有直接的消费或使用体验，只是受所接收的口碑信息内容的驱动，参与口碑传播。因此，在线口碑本身的信息内容特征直接影响消费者是否再次传播口碑，这是一项需要重点研究的因素（黄敏学等，2010）。沈璐等（2014）从信息内容特征出发研究了社交网络中关于品牌信息的帖子特征对口碑传播的影响，发现帖子内容的趣味性既能够促进消费者发布口碑，也能促进消费者再传播口碑，而临场感仅能促进口碑发布行为，信息性反而会抑制发布和传播行为。唐雪梅等（2012）研究了在线口碑的正负性以及情绪性对消费者再传播意愿的影响，发现消费者更倾向传播负面口碑，而且消费者对情绪程度不同的口碑传播意愿不同，更倾向传播情绪型口碑。Wang 等（2017）以京东在线评论数据为研究对象，指出了在线评论情感极性表达及呈现方式对消费者决策的影响。Lin 等（2017）的研究发现虽然评论效价、评论者种族以及社会距离都会影响消费者对评价者的信任，但是能影响品牌态度和购买意向的仅有评论效价。

由上述研究发现，在社交媒体环境下，影响在线口碑传播因素变得更加复杂。在新媒体技术支持下，消费者口碑传播的一个重要特征即是以消费者兴趣为导向的主动搜寻行为。现有研究强调了消费者兴趣在口碑传播中的重要地位，但是这些研究大多将个体兴趣视为静态的，忽视了个体兴趣转移行为，而对电影、电子产品等更新换代快、生命周期短的产品，由于企业营销活动导向以及消费者认知的改变，消费者对产品的兴趣会很容易发生转移，这种兴趣转移行为对短生命周期产品的口碑传播的影响有待探究。另外，区别于传统口碑面对面的交流，网络上口碑来源具有匿名性，这使得口碑来源可信度下降，现有研究强调了消费者信任关系能影响口碑来源可信度，但缺少信任关系对最终传播范围影响的相关研究。

（二）在线口碑情感传播模型

情感信息对于口碑传播的策略制定有重要价值。近年来，社交媒体技术快速发展，越来越多的消费者选择在社交网络上分享消费体验，这使得口碑中的情感信息的传播与交流空间空前活跃（Miller，2011）。研究口碑情感信息的传播规律有助于企业随时监控消费者对产品的情感态度，对企业及时制定有效策略、引导口碑情感传播方向具有重要意义。

在线口碑具有明显的情感倾向，可表达消费者对产品或服务的态度（袁乾，2015）。Mudambi 等（2012）指出，在线评论的情感因素可以有效提升其传播速度，含有情感的比不含情感的传播更快，因而，更多的消费者会获得包含情感的口碑，并受其影响。Hornik 等（2015）研究了在线口碑中的消极偏倚现象，发现消费者口碑传播的消极倾向很大。依据动态社会影响理论，其实验结果表明，相比于积极的消息，负面消息的传播范围更广、传播时间更长，而且传播方式更加细致，更具同化性。蔡淑琴等（2016）从信息传播特征的视角，基于 SIR 模型以多智能体建模方法研究了网络中的负面口碑传播过程，发现负面口碑的信息价值能有效地促进其传播。并构建了考虑企业响应的负面口碑传播模型，分析了企业价值共创策略对负面口碑传播的影响（蔡淑琴等，2017）。

正、负面口碑的传播实际上也是消费者对产品的情感态度的传播。社交网络上的情感传播研究主要从两方面展开：一是实证研究。Coviello 等（2014）通过对 Facebook 上数百万用户的实证数据研究表明，用户的情感可以通过社交网络传播，在线社交网络可能会放大全球情感同步的强度。Bae 和 Lee（2012）基于

Twitter 用户的 300 万条推文数据，研究了具有影响力的用户对普通用户的情感影响，发现普通用户积极或消极的情感变化与影响力用户的现实情感有关。Bollen 等（2011）通过追踪 Twitter 用户 6 个月的个人推文记录，发现他们倾向于和具有相似幸福感程度的用户连接，验证了社会网络的同质性，这有助于理解和分析用户一般情感在社交网络上的传播规律。二是情感传播理论和模型研究。Rao 等（2012）基于统计学理论，提出一种称为 MoodCast 的动态连续因子图模型，预测社会网络中的情感动态，并分别在移动社交网络和在线虚拟社区网络上检验了方法的有效性。Lee 等（2014）基于心理学理论构建了研究多领域集体情感动态变化的布朗 Agent 仿真模型，确定了集体情感极端化的情景特征。

现有的关于社交网络上情感传播的研究多集中于个体一般情感的传播，如用户的心情、幸福感等，针对商业产品的在线口碑中的情感信息传播问题的研究不足。消费者行为研究表明，大多数消费者在购买产品时，会主动搜索以及浏览网上的现有评论，并作为购买决策的依据（杜学美等，2016；岳中刚等，2015）。因此，区别于一般的情感，消费者口碑中的情感，不仅受相邻节点情感的影响，还受社会网络中整体情感的影响。例如，Lee 等（2015）在研究消费者评分受现有评分影响的作用中，区分朋友和陌生人对消费者评分的影响，发现朋友的评分会引起群集效应，而社交网络的存在会降低该效应。但现有的关于口碑情感演化分析方法多从文本挖掘角度出发，通过情感计算方法得到并预测消费者情感倾向。例如，卜湛等（2015）将评论情感计算方法和博弈论理论相结合,提出一种用户交互评论过程中的情感演化预测算法。然而,这些研究忽视了口碑传播过程中社交网络的作用,局限于少部分用户之间的交互,并不能从全局把握网络消费者口碑的情感状态。

四、国内外研究现状总结

在社会化媒体环境下,在线口碑传播呈现出新的特征。学者们对这些新特征进行了广泛的研究,但在传播模型构建方面还存在不足之处:

区别于传统口碑面对面的交流方式,在线口碑传播由于社会媒体技术的发展产生了很多新的特征,以消费者为中心的口碑传播充分体现了消费者的主观性。在以消费者为中心的社交媒体营销模式中,消费者兴趣成为口碑传播的重要因素,而对于短生命周期产品,由于更新换代较快,加上企业营销活动的引导以及消费者对产品认知的变化,消费者对该类产品的兴趣很容易转移,而现有研究多将消费者兴趣视为静态的,兴趣转移行为如何影响口碑传播过程需要进一步研究。

在线口碑的传播渠道多样化,社交网络结构复杂性使得在线口碑传播模型的构建更具挑战性。传染病模型如 SIR 模型是研究信息传播过程采用最多的模型，学者们考虑信息传播的社会强化现象、趋同性等特征，在不同尺度网络结构上构建了改进的信息传播模型。对于长生命周期产品以及品牌，由于其在线口碑传播的时间较长，因而其传播过程中消费者的社会网络结构是动态变化的。现有研究对动态网络上的动力学过程研究多集中于微观个体层次，虽然不少学者对中观社区结构的动态变化进行了描述，但是缺少对其上的动力学过程的模型研究。中观网络结构——社区结构的动态变化对在线口碑传播过程是如何影响的，有待进一步的研究。

在线口碑内容具有明显的情感倾向或称为效价，表达了消费者对企业产品或服务的情感态度，消费者的这种情感态度伴随着口碑信息的传播在社交网络中传播开来。现有的社交网络上的情感传播研究多集中于个体一般情感的传播，缺乏针对商业产品的在线口碑中的情感信息传播问题的研究。在社会化媒体环境下，消费者会主动搜索和浏览网络评论，接收口碑消费者的情感不仅会受到传播者情感的影响，还会受到全局网络情感的影响，其情感传播过程比个体一般情感如幸福感的传播更为复杂。另外，区别于一般情感，企业会积极干预在线口碑情感的传播，希望促使消费者正面情感的传播并抑制负面情感的传播。这些因素增加了在线口碑情感传播过程的不确定性，其传播规律有待发现。

第三章
考虑个人兴趣转移行为的在线口碑传播模型构建

以消费者为传播主体的在线口碑传播过程区别于传染病的传播过程，它不仅具有复杂的社会网络关系，而且凝聚着人类行为的社会属性，消费者在传播中具有明显的主观性。对于短生命周期产品，由于企业的营销推广或者产品新颖度的下降，消费者对该类产品的兴趣也会随之转移，这影响消费者的口碑再传播意愿。本章基于SIR传染病模型，加入个人兴趣转移因素，分析社交网络中的口碑传播过程。

本章具体内容安排如下：第一部分介绍研究背景，引出问题；第二部分构建考虑社区结构和用户兴趣转移行为的口碑传播模型；第三部分以仿真和数值分析方法探究兴趣转移行为对口碑传播过程的影响；第四部分总结本章内容。

一、引言

在线口碑传播本质上发生于消费者之间，因此消费者行为对口碑传播过程具有重要影响。广告学领域研究发现，消费者兴趣在产品营销过程中发挥着越来越重要的作用。传统媒体时代，AIDMA营销法则即注意（Attention）、兴趣（Interest）、需求（Desire）、记忆（Memory）、行动（Action），是一种卖方主导法则。随着互联网技术的发展，交互式媒体下产生了全新的消费者行为模式：AISAS，即注意（Attention）、兴趣（Interest）、搜索（Search）、行动（Action）、分享（Share），该模式下消费者有了互动和搜索行为。在当前移动互联网环境下，北京大学刘德寰教授等（2013）提出以消费者兴趣为核心的ISMAS模型，即兴趣（Interest）、搜索（Search）、口碑（Mouth）、行动（Action）、分享（Share），营销模式由以媒体为中心转变为以消费者为中心，强调了消费者兴趣在营销中的重要性。

对于短生命周期产品如电影、电子产品，由于产品更新换代速度快，消费者对产品的兴趣很容易发生改变。在该类产品在线口碑的传播过程中，一方面，由于企业营销活动的引导以及消费者对产品认知的变化，消费者会对原来不感兴趣的产品产生兴趣。另一方面，该类产品的新颖性会较快地随时间减弱，其吸引度也会逐渐降低，因而消费者对该类产品信息失去兴趣。这种消费者兴趣转移行为在短生命周期产品的口碑传播研究中是不容忽视的。本章主要考虑消费者的兴趣转移行为，研究消费者兴趣转移行为对在线口碑传播过程的影响。

本章基于 SIR 传染病模型，从消费者行为角度出发系统地研究了个体兴趣转移行为对社交网络上在线口碑传播的影响。以仿真的方法检验模型分析的准确性，并以数值分析方法分析网络社区结构、兴趣转移等对口碑传播过程的影响。

二、传播模型构建

短生命周期产品由于产品生命周期较短，因而口碑传播时间也较短，在这种情况下可以假设在口碑传播过程中，消费者的社交网络是一个静态网络，即节点和连边均没有变化。之前的研究已经表明，社交网络存在社区结构，且消费者兴趣转移行为影响在线口碑传播过程，本部分构建一个考虑社区结构和个体兴趣转移行为的在线口碑传播模型。其中，对社区结构的描述采用以下两个变量：一是模块度，反映不同社区之间的连边密度；二是社区集聚系数，反映社区内部的连边密度。

本部分内容安排如下：首先详细描述社区结构以及个体兴趣转移行为；其次构建考虑兴趣转移行为的口碑传播模型；最后通过仿真及数值实验分析社区结构和兴趣转移行为对口碑传播过程的影响。

（一）社区结构和个体兴趣转移

Twitter、微博、Facebook 等社交网络存在明显的社区结构，大量研究强调了社区结构对信息传播具有重要影响。本节以两个变量描述网络社区结构（Weng 等，2013）：一是模块度，代表社区的模块化程度，衡量给定网络如何划分为子网络，值越高表示不同子组的区分度更高。模块度的数学表达式有多种，这里给出其中的一种：$Q = \sum_v [e_{vv} - a_v^2]$，其中，$e_{vv}$ 表示社区 v 中的连边数目占整个网络连边数目的比例；a_v 表示仅有一个端点在社区 v 中的连边数占整个网络连边数目的比例。由该表达式可以看出，当社区内部连边数一定时，a_v 的值越低，模块度的值就越高。更进一步说，模块度控制了社区结构的强度——高模块度降低了不同社区之间的联系，从而形成了较强的社区结构，能反映削弱全局传播的社区陷阱效应。二是社区集聚系数，它量化社区内部节点的直接邻居是如何彼此连接的，如集聚系数的一种定义为每个节点的邻居之间的连接数除以它们之间可能存在的最大连接数的平均值。社区集聚系数的表达式如下：$C_i = \frac{1}{N_i} \sum_{w=1}^{N_i} c_w$，这里 c_w 表示节点 w 的集聚系数，被定义为 $c_w = \frac{2E_w}{k_w(k_w - 1)}$。其中，$k_w$ 表示

节点 w 的度，E_w 表示节点 w 所有 k_w 个朋友之间的连边数目。社区集聚系数反映了社会传染的社会强化现象。

设网络中节点数为 N，划分为 K 个社区，第 i 个社区记作 M_i，$i=1，\cdots，K$，并假设社区 M_i 的集聚系数为 C_i，C_i 服从一个正态分布 $C_i \sim N(b，\alpha^2)$，这里 b 是所有 K 个社区集聚系数的平均值，α 是标准差。网络的模块度设为 Q。为了简单起见，假设所有的社区均没有交叠，因为是静态网络，因此网络的社区结构也不变。

消费者行为在口碑传播过程中作用重大。在口碑传播过程中，一方面由于企业营销活动对产品的宣传推广以及消费者的好奇心和社会从众心理，消费者会自发产生兴趣变化，对原来不感兴趣的产品进行关注。另一方面，由于产品的推陈出新，消费者不会对某一产品一直保有兴趣，随着产品新颖度、吸引度的下降，消费者也会对原来感兴趣的产品失去兴趣，从而终止口碑传播过程。为了研究上述两种兴趣转移行为对口碑传播过程的影响，模型将节点划分出一部分作为不感兴趣的节点，当其发生兴趣转移行为，则变为感兴趣节点，可以接收口碑信息；同时，设置传播节点退出机制，即接收过口碑信息的消费者以一定概率终止传播。

（二）在线口碑传播过程

不感兴趣节点（Uninterested）：对产品信息不感兴趣，且从未接收到口碑信息的消费者。简单记为 UI 节点。

不满足节点（Unsatisfied）：对产品信息感兴趣，但是还未接收到口碑信息的消费者。简单记为 US 节点。

满足节点（Satisfied）：接收到口碑信息，并且愿意继续传播口碑的消费者。简单记为 S 节点。

免疫节点（Discarded）：接收过口碑信息，但是不愿意继续传播的消费者。简单记为 D 节点。

口碑信息的传播只发生在满足节点（S）和不满足节点（US）之间，即口碑只能由 S 节点传播给 US 节点。根据前文的描述，不感兴趣节点（UI）会转变为不满足节点（US），而不满足节点则会转变为满足节点（S），满足节点（S）又会转变为免疫节点（D）。具体地，节点状态的改变遵循以下原则：

UI→US：UI 状态的消费者以概率 β 发生兴趣转移，即对原来不感兴趣的产品信息变得感兴趣，此时节点状态转变为 US。

US→S：US 状态的消费者以概率 α 从状态为 S 的消费者接收到口碑信息，节点状态转变为 S。

S→D：S 状态的消费者可能会因为对产品信息失去兴趣而不愿再继续传播口碑信息，此时 S 状态的消费者以概率 γ 变为免疫节点 D。

以上过程如图 3.1 所示。

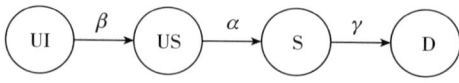

图 3.1 在线口碑传播过程示意

变量分析：

β：在线口碑传播过程中，消费者的兴趣会随着时间而改变，可称为消费者的个体兴趣转移行为。一般地，时间越长，企业的营销活动越有可能影响潜在消费者，他们对产品信息产生兴趣的概率也越大。因此，不妨假设消费者兴趣发生转移的概率服从一个参数为 ρ 的负指数分布。即不感兴趣节点 UI 转变为不满足节点 US 的概率服从一个参数为 ρ 的负指数分布。即 $\beta = 1 - e^{-\rho t}$。

α：对于社区 M_i 中的一个不满足状态 US 的消费者，可以从社区 M_j 中的满足状态 S 的消费者得到口碑信息。由于社会强化作用的存在，US 状态的消费者拥有的 S 状态朋友越多，其获得口碑信息的概率越高，即网络连边密度越高，概率 α 值越大。因此，如果 $j = i$，即被同一个社区的 S 状态的消费者传染的话，那么传播概率 α 的值正比于社区 M_i 的集聚系数 C_i；反之，如果 $j \neq i$，即被其他社区的 S 状态的消费者传染，那么 α 的值正比于模块度 Q。另外，传播概率 α 同样与口碑传播时间有关，时间越长，US 状态消费者获得口碑信息的概率越高。两个节点之间是否发生信息传播是一个独立事件，而且同等时间间隔发生的概率一样，可以看作一个泊松事件，其发生的时间间隔服从负指数分布。因此，可以定义 α 服从一个负指数分布，其参数与社区集聚系数和模块度相关，具体如下：

$$\alpha = \begin{cases} 1 - e^{-\lambda(1-Q)t}, & i \neq j \\ 1 - e^{-\lambda C_i t}, & i = j \end{cases}, \quad i = 1, 2, \cdots, K \tag{3.1}$$

这里 λ 是一个调节变量。

γ：一个满足状态 S 的消费者可以在传播口碑之后依然具有传染性，愿意传播口碑给不满足状态 US 的消费者。同时，它也有可能由于对产品信息失去兴趣而不再传播，转变为免疫节点 D。概率 γ 依赖于距离初始传播的时间间隔。本部分同样定义 γ 服从一个参数为 μ 的负指数分布，即 $\gamma = 1 - e^{-\mu t}$。

（三）数学模型构建

接下来，分别探讨网络中四类消费者数目的动态变化过程。

以 $X_i(t)$ 代表 t 时刻社区 M_i 中的满足状态 S 的消费者总数，同样，$Y_i(t)$、$Z_i(t)$、$D_i(t)$ 依次代表 t 时刻社区 M_i 中的不满足状态 US、不感兴趣状态 UI 及免疫状态 D 的消费者总数。

首先，求解 $X_i(t)$ 的动力学方程。如上所述，一个消费者只有接收到口碑信息才会变成满足状态 S，而且，有且仅有不满足状态 US 消费者可以接收口碑信息。同时，满足状态 S 的消费者不再愿意传播口碑时，则变为免疫状态 D。因此，给定一个极小的时间区间 Δt，可以得到在 $t + \Delta t$ 时刻社区 i 中的满足状态 S 的消费者数目为：

$$X_i(t + \Delta t) = X_i(t) + \sum_{k \in \{Y_i(t)\}} \phi_k(t, t + \Delta t) - \sum_{k \in \{X_i(t)\}} \sigma_k(t, t + \Delta t), i \in [1, K] \quad (3.2)$$

公式右边第二项表示社区 M_i 中不满足状态 US 的消费者，获得口碑信息转变为满足状态 S 的总数，第三项表示社区 M_i 中满足状态 S 的消费者转变为免疫状态 D 的总数。这里，符号 $\{Y_i(t)\}$、

$\{X_i(t)\}$ 分别表示社区 i 中所有不满足状态 US 以及满足状态 S 消费者的集合。符号 $\phi_k(t, t+\Delta t)$ 是一个布尔变量,表示在 $[t, t+\Delta t]$ 时间范围内消费者 k 是否接收到口碑信息这一事件。如果接收到口碑信息,则 $\phi_k(t, t+\Delta t)=1$;否则 $\phi_k(t, t+\Delta t)=0$。

对于社区 M_i 中的一个不满足状态的消费者 k,从社区 M_j 中一个满足状态的消费者接收到口碑信息的概率为 α,如式(3.1)所示。当前时刻 t,网络中共有 $\sum_{i=1}^{K} X_i(t)$ 个满足状态 S 的消费者,其中,K 是网络中社区总数,因此,

$$p(\phi_k(t,t+\Delta t)=1) = 1 - (1-(1-e^{-\lambda C_i \Delta t}))^{X_i(t)} \times \prod_{j=1,\cdots,K, j \neq i}(1-(1-e^{-\lambda(1-Q)\Delta t}))^{X_j(t)}$$

$$\Rightarrow p(\phi_k(t,t+\Delta t)=1) = 1 - e^{-\lambda(C_i X_i(t) + \sum_{j=1,\cdots,K, j\neq i}(1-Q)X_j(t))\Delta t}$$

(3.3)

类似地,符号 $\sigma_k(t, t+\Delta t)$ 也是一个布尔变量,表示在 $[t, t+\Delta t]$ 时间范围内消费者 k 是否终止传播口碑信息这一事件。如果终止传播即变为免疫状态 D,则 $\sigma_k(t, t+\Delta t)=1$;否则 $\sigma_k(t, t+\Delta t)=0$。如前所述,社区 M_i 中满足状态 S 的消费者不再继续传播变为免疫状态 D 的概率服从参数为 μ_i 的负指数分布,因此,

$$p(\sigma_k(t, t+\Delta t)=1) = 1 - e^{-\mu_i \Delta t} \quad (3.4)$$

联合式(3.2)至式(3.4),可以得到 $t+\Delta t$ 时刻,社区 M_i 内满足状态 S 的消费者数量期望值为:

$$E(X_i(t+\Delta t)) = E(X_i(t)) + E(Y_i(t))E(\phi_k(t, t+\Delta t)) -$$

$$E(X_i(t))E(\sigma_k(t, t+\Delta t)) \quad (3.5)$$

进一步，推导出事件 $\phi_k(t, t+\Delta t)$ 和 $\sigma_k(t, t+\Delta t)$ 的期望如下：

$$E(\phi_k(t, t+\Delta t)) = 1 - e^{-\lambda(C_i E(X_i(t)) + \sum_{j=1,L,\cdots,k, j\neq i}(1-Q)E(X_j(t)))\Delta t} \quad (3.6)$$

$$E(\sigma_k(t, t+\Delta t)) = 1 \times p(\sigma_k(t, t+\Delta t)=1) + 0 \times$$
$$p(\sigma_k(t, t+\Delta t)=0) = 1 - e^{-\mu_i \Delta t} \quad (3.7)$$

进一步，当时间间隔 $\Delta t \to 0$ 时，求得社区 M_i 中满足状态 S 的消费者数目的期望变化率如下：

$$\lim_{\Delta t \to 0} \frac{E(X_i(t+\Delta t)) - E(X_i(t))}{\Delta t}$$

$$= \lim_{\Delta t \to 0} \frac{E(Y_i(t))E(\phi_k(t, t+\Delta t)) - E(X_i(t))E(\sigma_k(t, t+\Delta t))}{\Delta t}$$

$$\Rightarrow E(\dot{X}_i(t)) = \lambda E(Y_i(t))(C_i E(X_i(t)) + \sum_{j=1,\cdots,K, j\neq i}(1-Q)$$
$$E(X_j(t))) - \mu_i E(X_i(t)), \quad i \in [1, K] \quad (3.8)$$

由洛必达法则，上述式子可简单证明如下：

$$\lim_{\Delta t \to 0} \frac{E(X_i(t+\Delta t)) - E(X_i(t))}{\Delta t}$$

$$= \lim_{\Delta t \to 0} \frac{E(Y_i(t))(1 - e^{-\lambda(C_i E(X_i(t)) + \sum_{j=1,\cdots,K,j\neq i}(1-Q)E(X_j(t)))\Delta t})}{\Delta t} -$$

$$\lim_{\Delta t \to 0} \frac{E(X_i(t))(1 - e^{-\mu_i \Delta t})}{\Delta t} = \lambda E(Y_i(t))(C_i E(X_i(t)) +$$

$$\sum_{j=1,\cdots,K,j\neq i}(1-Q)E(X_j(t))) - \mu_i E(X_i(t))$$

其次，以同样的方法求解 $Y_i(t)$ 的动力学方程。对于社区 M_i 中的不满足状态 US 的消费者，只要接收到口碑信息就会变为满足状态 S。同时，社区 M_i 中的不感兴趣状态 UI 的消费者也会以概率 $\beta = 1 - e^{-\rho t}$ 转变为不满足状态 US。因此，

$$Y_i(t + \Delta t) = Y_i(t) - \sum_{k \in \{Y_i(t)\}} \phi_k(t, t + \Delta t) +$$
$$\sum_{k \in \{Z_i(t)\}} v_k(t, t + \Delta t) \tag{3.9}$$

式（3.9）右边第二项表示社区 M_i 中不满足状态 US 的消费者转变为满足状态 S 的总数，第三项表示社区 M_i 中不感兴趣状态 US 的消费者转变为满足状态 S 的总数。符号 $\phi_k(t, t + \Delta t)$ 如前文解释，其发生的概率如式（3.3）所示。符号 $v_k(t, t + \Delta t)$ 是一个布尔变量，表示在 $[t, t + \Delta t]$ 时间范围内 UI 状态的消费者 k 是否改变兴趣变为 US 状态这一事件。如果兴趣转移，则 $v_k(t, t + \Delta t) = 1$；否则 $v_k(t, t + \Delta t) = 0$。如前所述，社区 M_i 中的不感兴趣状态的消费者转变为不满足状态的概率服从参数为 ρ_i 的负指数分布，因此，

$$p(v_k(t, t + \Delta t) = 1) = 1 - e^{-\rho_i \Delta t} \tag{3.10}$$

类似式（3.8），可以得到：

$$E(\dot{Y}_i(t)) = -\lambda E(Y_i(t))(C_i E(X_i(t)) + \sum_{j=1,\cdots,K, j \neq i}(1 - Q)E(X_j(t))) + \rho_i E(Z_i(t)),$$
$$i \in [1, K] \tag{3.11}$$

同样的方法，可以得到 $Z_i(t)$ 和 $D_i(t)$ 的动力学方程如下：

$$E(\dot{Z}_i(t)) = -\rho_i E(Z_i(t)), \quad E(\dot{D}_i(t)) = \mu_i E(X_i(t)),$$
$$i \in [1, K] \tag{3.12}$$

联合式（3.8）、（3.11）、（3.12），即可得到 $4K$ 个方程，同时方程组中含有 $4K$ 个未知量，因此，可以用 MATLAB 的微分方程组工具箱通过数值分析求解。

三、仿真和数值分析

本部分通过数值分析对所提模型进行性能分析。首先，在 Java 平台仿真所提出的连续时间马尔科夫模型，通过对比仿真结果和理论结果，验证所提模型的有效性。其次，在 MATLAB 平台对模型进行数值计算，分析社区结构和个体兴趣转移行为对在线口碑传播性能的影响，包括对连续变量模块度 Q、社区集聚系数 C、终止传播速率 μ 以及兴趣转移速率 ρ 的分析。

在线口碑传播的性能分析一般以传播范围衡量，即所有曾经接收到口碑信息的消费者占所有潜在消费者（社交网络中的全部用户）的比例。这里考虑到口碑传播过程的概率随机性，采用接收过口碑信息消费者总数的期望值占所有潜在消费者的比例作为衡量口碑传播性能的指标，其数学表达式如下：

$$r(T) = R(T)/N, R(T) = \sum_{j=1}^{K}(E(X_j(T)) + E(T_j(T))) \tag{3.13}$$

显然，$R(T)$ 表示在 T 时刻，满足状态 S 和免疫状态 D 的消

第三章 考虑个人兴趣转移行为的在线口碑传播模型构建

费者总数的平均值。自然地，$r(T)$则代表获得过口碑信息的消费者占总用户数的比例。$r(T)$值越大，则说明口碑传播性能越高。以下即采用$r(T)$衡量在线口碑传播性能。

（一）仿真实验

首先，为了验证所提理论模型的准确性，将理论结果和实际仿真结果进行对比。仿真实验在 Java 平台实现，理论值则由 MATLAB 微分方程工具箱获得。网络参数设置如下：网络规模即用户总数 $N = 1200$，社区数 $K = 5$，并假设每个社区包含相同数目的用户。消费者的状态设置如下：初始时刻，随机在第一个社区中选择一个消费者作为口碑源，状态为满足状态 S；剩下的消费者为不满足状态 US 和不感兴趣状态 UI，每个社区中两类状态消费者的比例为 1∶5（除了第一个社区，因为该社区中从 US 状态消费者中分出一个节点为 S 状态）。初始时刻，不存在免疫状态 D 消费者。参数设置：对于调节变量 λ，依据前人关于移动社交网络上的信息传播过程的研究工作，设置为 $\lambda = 3.71 \times 10^{-6}$，实际上参数 λ 决定了两个节点之间发生口碑传播的概率大小，即在线口碑的传播速度，它的大小和数量级与传播平台以及信息的特征有关，并不是固定的。本书更多关注参数变化带来的影响，而非参数本身，因此，仅以这个取值为例来分析模型；口碑传播时间设置为 1~50000 秒。其他设置如下：$Q = 0.9$；$C_i \sim N(0.8, 0.1^2)$，$i = 1, 2, \cdots, K$；$\mu = 0.0002$；$\rho = 0.0001$。仿真实验取 40 次平均值，结果如图 3.2 所示。

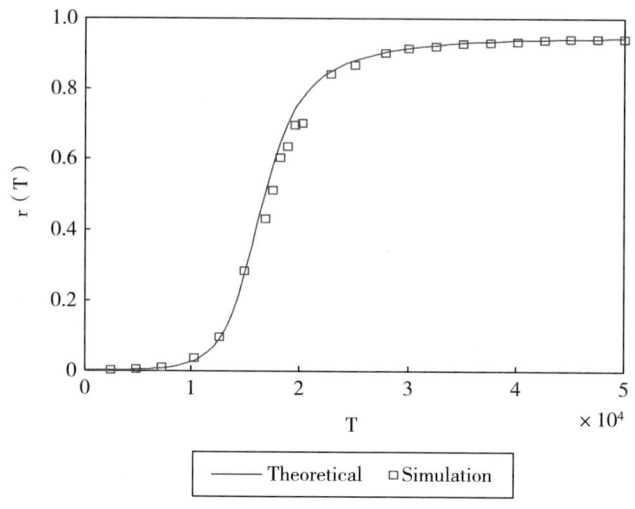

图 3.2 仿真结果和理论结果对比

由图 3.2 可以看出，模型的仿真结果和理论结果相差无几，二者的相对误差平均值仅为 5.1%，验证了模型推导的准确性。鉴于此，后续在分析社区结构和个体兴趣转移行为对传播过程影响作用时，直接采用该模型理论值。

（二）数值分析实验

下面分析不同参数设置下在线口碑的传播性能。本实验中，设置网络规模为 $N=6000$，社区划分及初始时刻消费者的状态设置均和仿真实验设置相同，调节变量 λ 依然设置为 $\lambda=3.71\times10^{-6}$。

1. 分析模块度对口碑传播的影响

如前所述，模块度 Q 是社交网络的一项重要特征指标，它衡量了一个网络的模块化程度，反映了不同社区之间的连边密度。若网络的模块度 Q 较低,网络模块化程度较低,则相应地,社区之间的连边密度较高,口碑信息从一个社区传播到另一个社区的概率越大。值得注意的是,现实社交网络中的口碑信息通常具有时效性,这与企业的营销推广策略以及产品特征有关,因此设置不同的口碑传播时间。其他参数设置如下:$N = 6000$,$K = 10$;$C_i \sim N(0.8, 0.1^2)$,$i = 1, 2, \cdots, K$;$\mu = 0.0002$;$\rho = 0.0001$。当模块度 Q 在 0.7~1(一般网络模块度的取值大小(Salathé 等,2010)变化时,口碑传播范围 $r(T)$ 的变化如图3.3 所示。

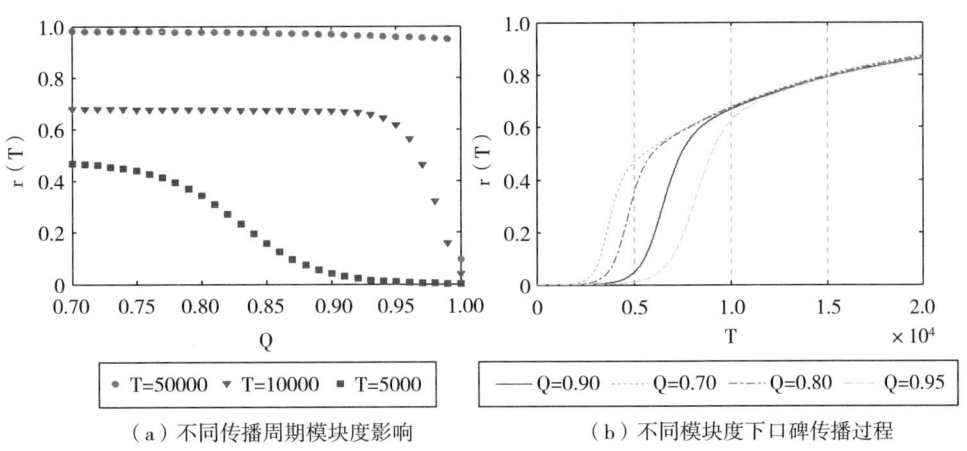

(a)不同传播周期模块度影响　　(b)不同模块度下口碑传播过程

图3.3　强社区结构网络中不同模块度下口碑传播性能分析

由图3.3(a)可以看出,社交网络上的口碑传播范围随着网络模块化程度的变化呈现明显的动态模式,模块度化程度越高,口碑传播范围越小。在强社区结构下,即模块度比较高的情况下，不同社区之间存在较少的连边，属于不同社区的消费者之间很难产生口碑传播行为，阻碍了口碑的全局传播过程。而在弱社区结构下，由于社区之间连边较多，获得口碑的消费者可以传播给不同社区的消费者，使得口碑得以在全局网络传播。因此，在线口碑的局部传播可能在口碑信息到达其他社区之前灭绝（如 $Q=1$ 时），否则它们可能以几乎连续的方式传播到各个社区（如 $Q=0.7$ 时）。另外，时效性较长的口碑信息的传播范围也更广，同时对模块度也更具鲁棒性。例如，当 $T=10000s$，模块度小于 0.9 时，$r(T)$ 的值几乎不变。但是，当 $T=5000s$ 时，$r(T)$ 随着模块度的增加急剧下降，当模块度大于 0.95 时，其值几乎为 0，表示局部传播灭绝。这说明，企业持续的营销资源投入可以有效地提高口碑传播范围，消除强社区结构对全局传播的阻碍作用。

图 3.3(b) 展示了网络模块度对口碑传播速度的具体影响，探究了不同模块化网络上获得口碑的消费者的比例随传播时间的变化情况。从中可以看出，开始阶段，口碑传播速度较缓慢；当感染的消费者达到一定数目时，呈现爆发式增长，速度达到一个峰值；之后，逐渐减缓。另外，当社区结构较弱时，口碑传播的爆发时间更早，传播的范围也更广。同时，该结果也证明了之前的结论，即如果信息传播时间足够长，这里超过 $15000s$，那么模块度的影响不再显著。

2. 分析社区集聚系数对在线口碑传播的影响

设置参数如下：社区数 $K=5$，模块度 $Q=0.9$，其他设置如模块度实验一致。假设社区集聚系数服从正态分布 $C_i \sim N(b, \alpha^2)$，$i = 1, \cdots, K$；b 是均值，α 是标准差。当 $\alpha = 0.1$，b 从 0 增至 1 时，口碑传播范围的变化如图 3.4 所示。

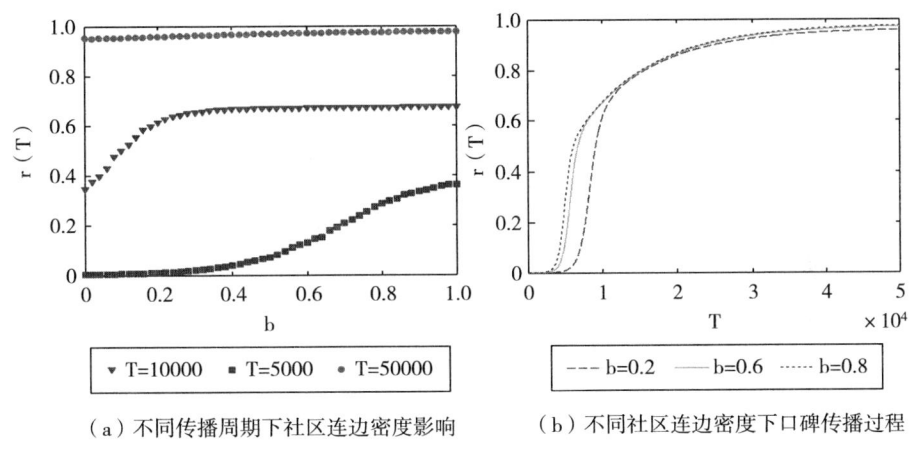

(a) 不同传播周期下社区连边密度影响　　(b) 不同社区连边密度下口碑传播过程

图 3.4　强社区结构网络中不同社区连边密度下口碑传播性能分析

分析图 3.4（a）可得，随着集聚系数的增加，不同时效性的口碑传播范围展现出不同的变化趋势。例如，当传播时间为 $T = 50000s$ 时，传播范围始终在一个较高水平，增量较少。但是，当 $T = 10000s$ 或者 $T = 5000s$ 时，却是急剧增长。在 $T = 10000s$ 的情形下，当集聚系数均值 b 由 0 变为 0.3，传播范围由 0.352 变为 0.648。为了进一步探究集聚系数如何影响传播过程，我们分析了不同集聚系数下传播范围随时间的变化趋势，如图 3.4（b）所示。结果显示，在口碑传播早期，社区内部连边密度对传播速度具有极大的影响，集聚系数越高，传播速度越快，而随着时间的推后,该影响逐渐减弱。

图 3.4 的结果解释如下:如果社区内部连边密度较高,则意味着初始传播的满足状态的消费者拥有更多的朋友。因此,不满足状态的消费者得到口碑信息的概率增大,进而提升了初始阶段传播速度和范围。随着传播时间的增长,越来越多的消费者获得口碑信息变为满足状态,出现了爆发式增长。这之后,时间足够长的情况下,无论集聚系数高低,传播范围最终都会接近 1。

3. 探究个体兴趣转移行为对在线口碑传播的影响

如前文所述,满足状态 S 的消费者会因为失去对产品信息的兴趣而不再继续传播口碑,发生概率为 $\gamma = 1 - e^{-\mu t}$。显然,在一个固定的时间间隔中,μ 越大,γ 越大。因此,又称 μ 为停止传播速率。本章仅分析 μ 对传播范围的影响。参数设置同图 3.4 实验设置一致。当 μ 从 0 增加至 0.0025 时,结果如图 3.5 所示,图 3.5(a)中 $Q=0.9$,图 3.5(b)中 $b=0.8$。

由图 3.5(a)、图 3.5(b)可知,随着停止传播速率 μ 的增加,口碑传播性能降低。当 μ 的值足够大时,传播范围接近于 0,意味着除了初始的口碑源外,其他任何消费者均没有获得口碑信息。另外,图 3.5(a)、图 3.5(b)说明当网络模块度较高或社区集聚系数较低时,停止传播速率 μ 对传播范围的影响越剧烈。产生该结果的原因如下:消费者停止传播口碑的行为直接减少了满足状态 S 的消费者数目,进而使得不满足状态 US 的消费者获得口碑信息的概率降低。但是,较低的模块度或者较高的社区集聚系数提升了消费者之间的连边密度,可提升传播速度,进而减缓由于停止传播速率 μ 带来的阻碍传播效应，如图 3.5（c）、图 3.5（d）所示。

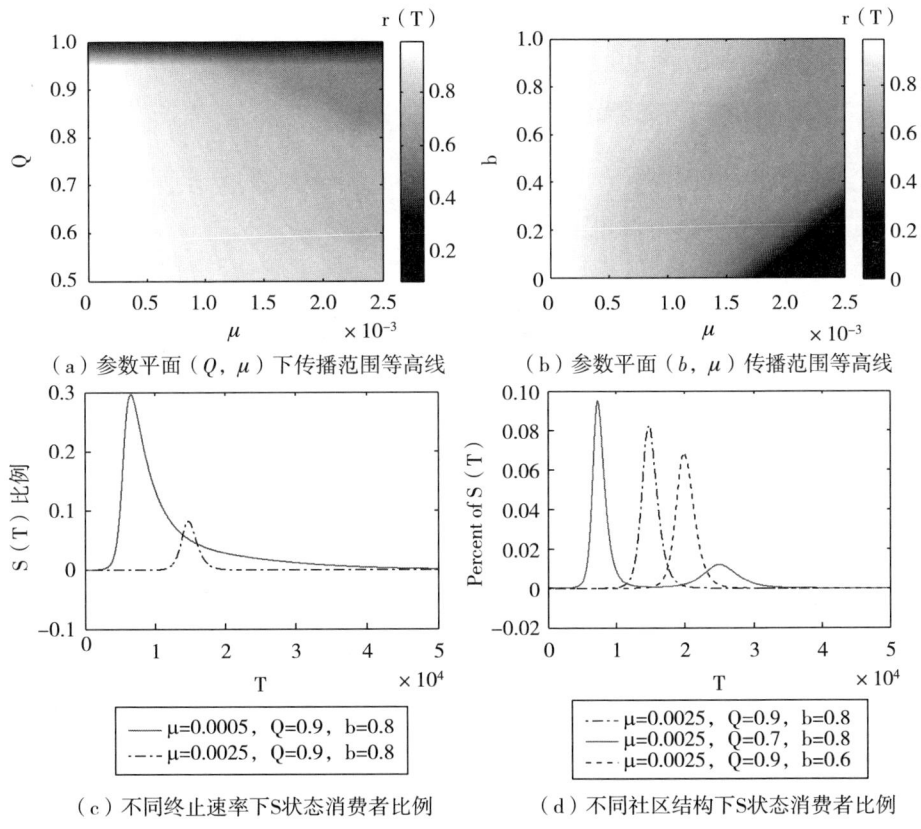

图 3.5　强社区结构网络中不同终止速率下口碑传播性能分析

有消费者对产品信息失去兴趣，自然也会有消费者对产品信息产生兴趣。下文探究了消费者由不感兴趣状态 UI 转变为不满足状态 US 行为对口碑传播的影响。类似图 3.5 的分析，也仅对兴趣转移速率 ρ 进行分析。设置 $\mu = 0.0002$，$T = 5000s$，其他设置如图 3.5 实验设置一样。当兴趣转移速率 ρ 从 0 增加至 0.0025 时，结果如图 3.6 所示，图 3.6（a）中 b=0.8、图 3.6（b）中 Q=0.9。

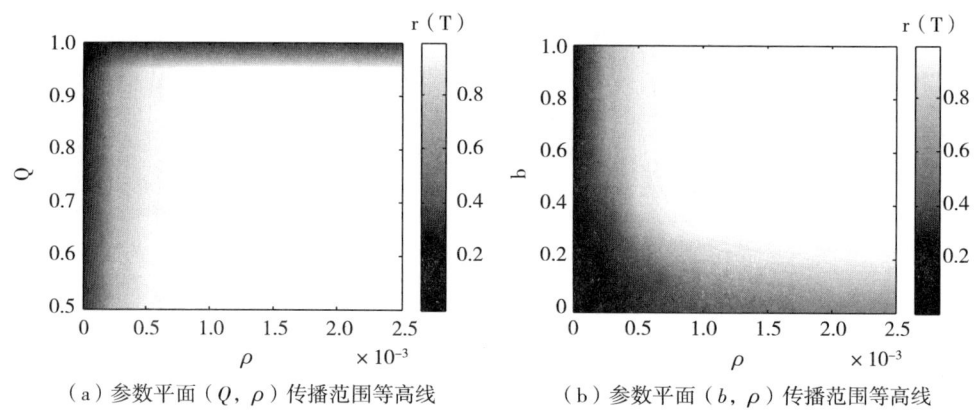

（a）参数平面（Q,ρ）传播范围等高线　　（b）参数平面（b,ρ）传播范围等高线

图 3.6　强社区结构网络中不同兴趣转移速率下口碑传播性能分析

图 3.6 的结果显示，随着个体兴趣转移速率 ρ 的增加，口碑传播性能逐渐提高。但是，与停止传播速率 μ 的影响作用相比，ρ 的影响范围较窄，当 $\rho<0.0005$ 时，在低模块度及高社区集聚系数的网络下，提升的值可以显著提高传播范围；然而当 $\rho\geqslant 0.0005$ 时，它的增大不再影响口碑传播过程。实际上，当消费者兴趣转移倾向较低，而停止传播倾向较高时，在初始传播阶段，由于 US 状态消费者数目增加慢，而 S 状态节点很难感染 US 状态节点，满足状态 S 的消费者的数量将很难提高。换句话说，兴趣转移速率在关键的初始传播阶段起着至关重要的作用。因此，在传播初期，消费者兴趣转移速率 ρ 较小的提高即可使整

个传播性能获得巨大的提高。然而，当兴趣转移使可以接收口碑信息的不满足状态 US 的消费者足够多时，传播性能会因其他因素（如连边密度或者口碑信息时效性等）而受到限制。因而，对企业来说，在初始传播时刻引起更多消费者的兴趣是成功传播口碑的关键。

四、本章小结

由于短生命周期产品更新速度快，消费者兴趣极易改变，然而现有研究大多将消费者兴趣视为静态的，忽视了个体兴趣转移行为。因此，本章研究了个体兴趣转移行为对社交网络上口碑传播过程的影响。

本章的主要工作总结如下：

首先，提出了一个同时考虑网络拓扑结构和个体兴趣转移行为的连续时间马尔科夫在线口碑传播模型，构建了传播动力学方程，为区别于疾病传播，将时间延迟和社会强化现象纳入模型中。

其次，通过数学分析及计算机仿真验证了模型的准确性，仿真结果和理论结果仅相差 5.1%，在可接受范围内。

最后，通过数值分析，探究了不同网络结构下，个体兴趣转移行为对口碑传播过程的影响。结果显示，兴趣转移行为可以直接改变获得口碑信息消费者的数量，进而影响传播速度，展现了消费者行为在口碑传播中的影响。更重要的是，本章实验发现个体兴趣转移行为对在高度模块化或者低社区连边密度的网络上的口碑传播过程作用更加显著。

第四章
动态社区结构下在线口碑传播模型构建

第三章从消费者角度出发，介绍了消费者主观性对短生命周期产品口碑传播的影响，所建模型均假设网络结构是静态的。而对于长生命周期的产品或品牌来说，其在线口碑传播的时间较长，在传播过程中，消费者的社交网络结构实际上是不断变化的，忽略网络的动态属性，往往会在描述在线口碑传播过程中引入强偏差。本章从网络结构角度出发，考虑网络社区结构的动态变化，研究动态网络上的口碑传播过程。

本章具体内容安排如下：第一部分介绍研究背景，引出问题；第二部分描述网络的动态社区结构；第三部分构建动态网络上的在线口碑传播模型；第四部分以仿真和数值分析方法，探究网络动态属性对口碑传播过程的影响；第五部分总结本章内容。

一、引言

在线口碑的传播时间与产品生命周期相当甚至更长。伴随产品在市场的投入、成长、饱和以及衰退过程，消费者不断在社交媒体发布对产品的评价信息，产生并传播在线口碑。对于长生命周期的产品或品牌来说，其在线口碑的传播时间相当长，在长时间的口碑传播过程中，消费者的社交网络是不断变化的，一方面，消费者兴趣会随着其个体认知等而逐渐改变，会发展新的兴趣，也会失去旧的兴趣，兴趣的转变带来消费者社会关系的改变，典型的例子有微博用户兴趣的转移会关注新兴趣相关的微博账号，同时取消关注旧兴趣的微博账号。另一方面，消费者现实社会关系的改变也会带来线上社交网络朋友关系的改变，典型的例子有消费者通过参加现实活动或者社会身份的转变，其活跃的朋友圈也随之改变，表现在线上，即是微信、微博等社交网络结构的改变。因此，研究这类长生命周期产品的在线口碑传播问题就必须考虑网络结构的动态变化。

前文也提供了大量文献，支持社交网络结构的动态变化性质。虽然大量实证研究表明将现实网络视为静态网络来研究已经不可取，但是描述动态复杂的现实网络上的口碑传播过程依然是一个艰难的挑战。在数据挖掘技术驱动下,对于完全开放的社交网络,研究者可以获得某一时间具体的社交网络结构,但是,连续时间的动态网络结构的获取及分析方面困难重重。究其原因主要是用户行为规律难以捉摸,需要心理学、行为科学、计算机科学等多学科的交叉研究技术。

本章在现有研究的基础上,提出一种以个体社会流动性来描述动态网络社区结构的方法,并研究此网络上的口碑传播动力学过程。首先,给出了动态社区网络结构的描述方法;其次,构建动态社区网络结构上的口碑传播模型并求解模型基本再生数;最后,以仿真和数值分析的方法验证了模型准确性并分析了网络结构的动态属性对口碑传播过程的影响。

二、动态社区结构网络

在社交网络中,用户之间的连接不会持续活跃,并且每个时刻都会构建新的连接。此外,随着时间的推移,社区结构在逐渐变化。本部分首先给出社区结构的基本描述,然后描述其动态变化过程。

一个网络被划分为 K 个社区,第 i 个社区记作 M_i,$i=1,\cdots,K$。同第三章一样,选择独立于网络以及社区大小的两个度量来捕捉网络社区结构的不同方面。一是反映网络社区结构强度的模块度，记作 Q；二是反映每个社区内部连边密度的社区集聚系数，记作 $C_i(i=1,\cdots,K)$。在本章中，用这两个变量以揭示社会传染中的社会强化现象。由于这两个指标描述了网络的一般模块化结构，这可能与微博、微信、Facebook 等不同社交媒体平台的特征有关，如微信平台很大程度上反映了用户实际的社会关系，同一社区用户之间的联系更为紧密，而不同社区之间用户的联系较少，因此，社区集聚系数更高，模块度也更高；微博上用户之间的关系更加虚拟化，大多是因为兴趣爱好相似而构建的关系，社区内部联系和社区之间联系的区分度相对微信用户不显著，因而集聚系数和模块度较低。鉴于此，假设口碑传播过程中它们是不变的，即使社交网络用户一直在不同的社区之间流动。

然后，描述每个社区的动态演变过程。本章中，不考虑新社区的出现，即认为社区数量是不变的，类似不同地理区域间人口的流动，只关注每个社区规模的变化和所含成员的变化。如图 4.1 所示，在时间间隔 Δt 内，每个节点将以不同的概率移出其原所在社区，并跳转到另一个社区。图 4.1（a）表示 T 时刻的网络社区结构，图 4.1（b）表示 $T+\Delta t$ 时刻的网络社区结构。以社区 M_2 中的方形节点为例，在 Δt 内，其断开了社区 M_2 中的三条连边，并与社区 M_1 中的两个节点建立新的连边，成为社区 M_1 中的节点。流出节点对新社区的选择由社区不同的吸引节点的能力确定，吸引力越大的社区被选择的可能性越高。在上述过程中，流动的节点将断开其原始社区中的大多数连接，并在选定的社区中构建新的连接。节点流出所在社区的概率被称为流动速率，记作 τ（$\tau \in [0, 1]$），并假设每个节点的流出速率相同，且在整个传播过程中不变。一个社区 M_i 吸引节点的能力被称为社区吸引力，记作 ω_i（$i = 1, \cdots, K$），并假设 $\sum_{i=1}^{K} \omega_i = 1$，$\omega_i \in [0, 1]$，其中，$K$ 为网络中的社区数目。

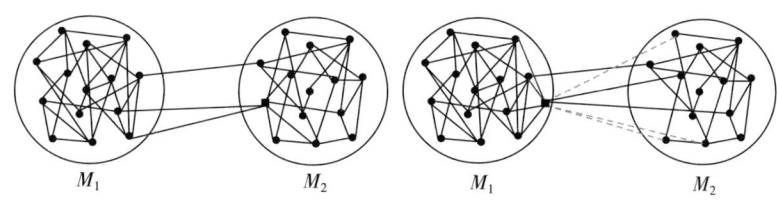

图 4.1　动态社区结构示意

由上述描述可知，节点在不同社区之间流动，模块度和社区聚类系数不变。因此，网络结构的变化取决于个体流动速率 τ 和社区吸引力 ω。

三、传播模型构建

（一）在线口碑传播过程

本章重点探讨网络结构动态属性对口碑传播的影响，因此，在对消费者状态分类时，并不像第三章那么细致，这里假定在初始时刻，网络中的所有消费者均对相关产品信息感兴趣。借鉴SIR流行病模型中的节点状态，在口碑传播过程中，每个消费者随时都会处于三种状态之一：①不满足状态US：对产品信息感兴趣并准备接收口碑信息；②满足状态S：收到口碑信息并有意愿继续传播口碑；③免疫状态D：收到过口碑信息，但因为对产品失去兴趣，不再愿意继续传播。因此，消费者的状态变化序列为不满足状态US→满足状态S→免疫状态D。

具体的口碑传播过程描述如下：

US→S：US状态的消费者以概率α从状态为S的消费者接收到口碑信息，节点状态转变为S。

S→D：S状态的消费者可能因为对产品信息失去兴趣而不愿再继续传播口碑信息，此时S状态的消费者以概率γ变为免疫节点D。

以上过程如图4.2所示。

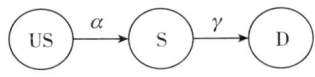

图4.2　口碑传播过程示意

在该模型中，消费者之间口碑的传播过程与图3.1类似，对应的各个概率的值的求解方法也一致，具体如下：

α：在时间间隔$[t, t+\Delta t]$内，社区M_i中的US状态节点

将以概率 α 从社区 M_j 中的 S 状态节点接收口碑信息,并转为 S 状态。如第三章所述,若 $i=j$,传播概率 α 正比于社区集聚系数 C_i;若 $i \neq j$,则 α 反比于模块度 Q。因此,将传播概率 α 定义为一个负指数函数,其参数取决于社区集聚系数和模块度,具体如下:

$$\alpha = \begin{cases} 1 - e^{-\lambda C_i t}, & i = j \\ 1 - e^{-\lambda(1-Q)t}, & i \neq j \end{cases}, \quad i, j = 1, 2, \cdots, K \tag{4.1}$$

其中,λ 是一个调节变量。在这里,要指出的是 α 仅描述两个消费者之间口碑信息传递的概率。但是,只要 US 状态的消费者从整个网络中的任何一个 S 状态的消费者接收到口碑信息,他就将变为 S 状态,这一概率将在下文中讨论。

γ:一个满足状态 S 的消费者可以在传播口碑之后依然具有传染性,愿意传播口碑给不满足状态 US 的消费者。同时,它也有可能由于对产品信息失去兴趣而不再传播,转变为免疫节点 D。概率 γ 依赖于距离初始传播的时间间隔。本部分中同样定义 γ 服从一个参数为 μ 的负指数分布,即 $\gamma = 1 - e^{-\mu t}$。

(二)数学模型构建

在本部分中,将给出数学分析来说明所提出的模型的口碑信息传播模式。分别以 $X_i(t)$,$Y_i(t)$ 和 $D_i(t)$ 代表 t 时刻社区 M_i,$i = 1, 2, \cdots, K$ 中的 S 状态、US 状态和 D 状态的消费者的数目。如模型所描述的,这三个变量的动态变化主要来自两个过程:口碑传播过程和社区之间消费者的社会流动过程。为更加清楚地描述模型，定义了几个布尔变量表示传播过程中的事件：$\phi_k(t, t+\Delta t)$ 表示消费者 k 在时间区间 $[t, t+\Delta t]$ 内是否接收到口碑消息的事件，注意此事件只涉及 US 状态的消费者；$\sigma_k(t, t+\Delta t)$ 表示消费者 k 在时间区间 $[t, t+\Delta t]$ 内是否停止传播口碑消息的事件，注意此事件只涉及 S 状态的消费者；$\delta_k(t, t+\Delta t)$ 表示消费者 k 在时间区间 $[t, t+\Delta t]$ 内是否流出所在社区，具体地，$\delta_k^S(t, t+\Delta t)$，$\delta_k^{US}(t, t+\Delta t)$ 和 $\delta_k^D(t, t+\Delta t)$ 分别对应着 S 状态、US 状态、D 状态的消费者；相应地，$\theta_k(t, t+\Delta t)$ 表示消费者 k 在时间区间 $[t, t+\Delta t]$ 内是否流入指定的社区，同样 $\theta_k^S(t, t+\Delta t)$，$\theta_k^{US}(t, t+\Delta t)$ 和 $\theta_k^D(t, t+\Delta t)$ 分别对应着 S 状态、US 状态、D 状态的消费者。对于以上所有的事件变量，当事件发生时，其值为 1，否则，其值为 0。

现在，来求解 $X_i(t)$、$Y_i(t)$ 和 $D_i(t)$ 的动力学方程。首先，求解 $X_i(t)$。一个消费者只有接收到口碑信息才会转变为 S 状态，而在所提模型中，只有 US 状态的消费者可以接收口碑信息。而且，一个 S 状态的消费者不再愿意传播口碑时，就会变为免疫状态 D。此外，社区 M_i 中的 S 状态的消费者可能会流出，同时，也会吸引其他社区的 S 状态的消费者流入。因此，给定一个时间间隔 Δt，可以得到：

$$X_i(t+\Delta t) = X_i(t) + \sum_{k \in \{Y_i(t)\}} \phi_k(t,t+\Delta t) - \sum_{k \in \{X_i(t)\}} \sigma_k(t,t+\Delta t) + \sum_{j=1}^{K} \sum_{k \in \{X_j(t)\}} \theta_k^S(t,t+\Delta t) - \sum_{k \in \{X_i(t)\}} \delta_k^S(t,t+\Delta t), i \in [1,K] \quad (4.2)$$

第四章 动态社区结构下在线口碑传播模型构建

如果 $\phi_k(t, t+\Delta t) = 1$,社区 M_i 中的 US 状态的消费者 k 应该从网络中的至少一个 S 状态的消费者接收口碑信息。一个 US 状态的消费者从一个 S 状态的消费者接收口碑信息的概率 α 由等式(4.1)给出。基于此,可得:

$$p(\phi_k(t,t+\Delta t) = 1) = 1 - (1 - (1 - e^{-\lambda C_i \Delta t}))^{X_i(t)} \times$$
$$\prod_{j=1,\cdots,K, j \neq i} (1 - (1 - e^{-\lambda(1-Q)\Delta t}))^{X_j(t)}$$
$$\Rightarrow p(\phi_k(t, t+\Delta t) = 1) = 1 - e^{-\lambda(C_i X_i(t) + \sum_{j=1,\cdots,K, j \neq i}(1-Q)X_j(t))\Delta t}$$

(4.3)

如果 $\sigma_k(t, t+\Delta t) = 1$,则 S 状态的消费者终止传播口碑信息,该事件发生的概率是 γ。显然,γ 的值取决于其第一次传播活动的时间间隔,间隔越长,则该概率越高。因此,定义 γ 为一个参数为 μ 的负指数函数,即

$$p(\sigma_k(t, t+\Delta t) = 1) = 1 - e^{-\mu \Delta t} \tag{4.4}$$

如果 $\delta_k(t, t+\Delta t) = 1$,则消费者 k 流出其所在社区 M_i,该事件发生的概率为 τ。社区结构反映了具有相同兴趣的人有更多沟通的现象。随着时间的推移,个人的兴趣可能会逐渐改变,从而导致社区之间的个体迁移。因此,定义 τ 也为负指数函数,参数是 η,即

$$p(\delta_k^S(t, t+\Delta t) = 1) = \tau = 1 - e^{-\eta \Delta t} \tag{4.5}$$

如果 $\theta_k(t, t+\Delta t) = 1$,则消费者 k 流入指定社区 M_i,其概率取决于 M_i 吸引力系数 ω_i,因此可得:

$$p(\theta_k^S(t, t+\Delta t) = 1) = \omega_i(1 - e^{-\eta \Delta t}) \tag{4.6}$$

推导出事件的期望如下:

$$E(\phi_k(t, t+\Delta t)) = 1 - e^{-\lambda(C_i E(X_i(t)) + \sum_{j=1,\cdots,K, j\neq i}(1-Q)E(X_j(t)))\Delta t}$$
(4.7)

$$E(\sigma_k(t, t+\Delta t)) = 1 \times p(\sigma_k(t, t+\Delta t) = 1) + 0 \times p(\sigma_k(t, t+\Delta t) = 0)$$
$$= 1 - e^{-\mu\Delta t}$$
(4.8)

$$E(\delta_k^S(t, t+\Delta t)) = 1 - e^{-\eta\Delta t} \quad (4.9)$$

$$E(\theta_k^S(t, t+\Delta t)) = \omega_i(1 - e^{-\eta\Delta t}) \quad (4.10)$$

基于式(4.7)至式(4.10)，可以推导出 $X_i(t)$ 的期望值的动力学方程如下：

$$E(\dot{X}_i(t)) = \lim_{\Delta t \to 0} \frac{E(X_i(t+\Delta t)) - E(X_i(t))}{\Delta t}$$

$$= \lim_{\Delta t \to 0} \frac{E(Y_i(t))(1 - e^{-\lambda(C_i E(X_i(t)) + \sum_{j=1,\cdots,K, j\neq i}(1-Q)E(X_j(t)))\Delta t})}{\Delta t} -$$

$$\lim_{\Delta t \to 0} \frac{E(X_i(t))(1 - e^{-\mu\Delta t})}{\Delta t} + \lim_{\Delta t \to 0} \frac{\sum_{j=1}^{K} E(X_j(t))\omega_i(1 - e^{-\eta\Delta t})}{\Delta t} -$$

$$\lim_{\Delta t \to 0} \frac{E(X_i(t))(1 - e^{-\eta\Delta t})}{\Delta t}$$

由洛必达法则，得到如下的常微分方程：

$$E(\dot{X}_i(t)) = \lambda E(Y_i(t))(C_i E(X_i(t)) + \sum_{j=1,\cdots,K, j\neq i}(1-Q)E(X_j(t))) - \mu E(X_i(t)) - \eta E(X_i(t) + \omega_i \sum_{j=1}^{K} \eta E(X_j(t)), \quad i \in [1, K]$$
(4.11)

其次，求解 $Y_i(t)$ 动力学方程。对于社区 M_i 中的 US 状态的消费者,一旦接收到口碑信息,其状态转变为 S 状态,同时社区 M_i 的 US 状态的消费者也在不停地流入流出。因此可得:

$$Y_i(t+\Delta t) = Y_i(t) - \sum_{k \in \{Y_i(t)\}} \phi_k(t, t+\Delta t) +$$
$$\sum_{j=1}^{K} \sum_{k \in \{Y_j(t)\}} \theta_k^{US}(t, t+\Delta t) -$$
$$\sum_{k \in \{Y_i(t)\}} \delta_k^{US}(t, t+\Delta t), i \in [1, K] \quad (4.12)$$

类似式(4.11),可得:

$$E(\dot{Y}_i(t)) = -\lambda E(Y_i(t))(C_i E(X_i(t)) +$$
$$\sum_{j=1,\cdots,K, j \neq i} (1-Q) E(X_j(t))) - \eta E(Y_i(t)) +$$
$$\omega_i \sum_{j=1}^{K} \eta E(Y_j(t)), i \in [1, K] \quad (4.13)$$

最后,相似的方法可以得到 $D_i(t)$ 期望值的常微分方程如下:

$$E(\dot{D}_i(t)) = \mu E(X_i(t)) - \eta E(D_i(t)) +$$
$$\omega_i \sum_{j=1}^{K} \eta E(D_j(t)), i \in [1, K] \quad (4.14)$$

联合式(4.11)、式(4.13)和式(4.14),得到了 $3K$ 个方程以及 $3K$ 个未知量,可以通过 MATLAB ODE 工具箱获取这些未知数的值。

(三) 基本再生数求解

在流行病传播或者一般信息传播研究中,基本再生数是一个关键阈值,通常记作 R_0,是人们制定控制传播策略的重要数量依据。通常,只有在 $R_0 > 1$ 时,疾病或者信息才能在人群中扩散开来。具体到在线口碑的传播,企业可以通过基本再生数预测口碑信息能否广泛传播，并可通过控制相应的参数，促进正面口碑传播，抑制负面口碑传播。本部分依据现有方法，求解所构建传播模型的基本再生数，并分析各个变量对其的影响。

依据由 Van denDriessche 和 Watmough（2002）提出的方法，基本再生数 R_0 被定义为再生矩阵的光谱半径。为了便于描述，用 x_i，y_i，z_i，$i = 1, 2, \cdots, K$ 依次代表 $E(X_i(t))$，$E(Y_i(t))$，$E(D_i(t))$，$i = 1, 2, \cdots, K$，并设定：

$$X = (x_1, \cdots, x_K, y_1, \cdots, y_K, z_1, \cdots, z_K,)^T$$

构造新的函数 $F(X)$ 和 $V(X)$ 分别表示满足节点的增加速率和其他状态节点的变化率。上述构造的常微分方程组可以写成如下形式：

$$\frac{dX}{dt} = F(X) - V(X)$$

可得：

$$F = \begin{bmatrix} \lambda y_1 (C_1 x_1 + \sum_{j=1,\cdots,K, j \neq i} (1-Q) x_j) + \omega_1 \sum_{j=1}^{K} \eta x_j \\ \vdots \\ \lambda y_K (C_K x_K + \sum_{j=1,\cdots,K, j \neq i} (1-Q) x_j) + \omega_K \sum_{j=1}^{K} \eta x_j \\ 0 \\ \vdots \\ 0 \end{bmatrix}_{1 \times 3K}$$

$$V = \begin{bmatrix} \mu x_1 + \eta x_1 \\ \vdots \\ \mu x_K + \eta x_K \\ \lambda y_1(C_1 x_1 + \sum_{j=1,\cdots,K, j\neq i}(1-Q)x_j) + \eta y_1 - \omega_1 \sum_{j=1}^{K} \eta y_j \\ \vdots \\ \lambda y_K(C_K x_K + \sum_{j=1,\cdots,K, j\neq i}(1-Q)x_j) + \eta y_K - \omega_K \sum_{j=1}^{K} \eta y_j \\ -\mu x_1 + \eta z_1 - \omega_1 \sum_{j=1}^{K} \eta z_j \\ \vdots \\ -\mu x_K + \eta z_K - \omega_K \sum_{j=1}^{K} \eta z_j \end{bmatrix}_{1 \times 3K}$$

$X_0 = (0, \cdots, 0, y_{10}, \cdots, y_{K0}, 0, \cdots, 0,)^T$ 是无病平衡点，其中，$y_{10}, \cdots, y_{K0}$ 依次表示每个社区的初始节点数。在该点处，得到：

$$DF(X_0) = \begin{bmatrix} f & 0 \\ 0 & 0 \end{bmatrix}_{3K \times 3K}, \quad DV(X_0) = \begin{bmatrix} v & 0 \\ J_3 & J_4 \end{bmatrix}_{3K \times 3K}$$

其中，

$$f = \frac{\partial F_i}{\partial x_j}(X_0) = \begin{bmatrix} \lambda C_1 y_1 + \omega_1 & \lambda(1-Q)y_2 + \omega_2 & \cdots & \lambda(1-Q)y_K + \omega_K \\ \lambda(1-Q)y_1 + \omega_1 & \lambda C_2 y_2 + \omega_2 & \cdots & \lambda(1-Q)y_K + \omega_K \\ \cdots & \cdots & \cdots & \cdots \\ \lambda(1-Q)y_1 + \omega_1 & \lambda(1-Q)y_2 + \omega_2 & \cdots & \lambda C_K y_K + \omega_K \end{bmatrix}_{K \times K}$$

$$v = \frac{\partial V_i}{\partial x_j}(X_0) = \begin{bmatrix} \mu+\eta & 0 & \cdots & 0 \\ 0 & \mu+\eta & \cdots & 0 \\ \cdots & \cdots & \cdots & \cdots \\ 0 & 0 & \cdots & \mu+\eta \end{bmatrix}_{K \times K}$$

因此，求得再生矩阵如下：

$$fv^{-1} = \frac{1}{\mu+\eta} \begin{bmatrix} \lambda C_1 y_1 + \omega_1 & \lambda(1-Q)y_2 + \omega_2 & \cdots & \lambda(1-Q)y_K + \omega_K \\ \lambda(1-Q)y_1 + \omega_1 & \lambda C_2 y_2 + \omega_2 & \cdots & \lambda(1-Q)y_K + \omega_K \\ \cdots & \cdots & \cdots & \cdots \\ \lambda(1-Q)y_1 + \omega_1 & \lambda(1-Q)y_2 + \omega_2 & \cdots & \lambda C_K y_K + \omega_K \end{bmatrix}_{K \times K}$$

再生矩阵的谱半径 $\rho(fv^{-1}) = \max\limits_{1 \leq i \leq K} |\varepsilon_i|$，$\varepsilon_i$ 表示矩阵的特征值。如果假设社区集聚系数 $C_1 = C_2 = \cdots = C_K = C$，则可得：

$$R_0 = \frac{1}{\mu+\eta}(\lambda(C+Q-1)y_{10} + \lambda(1-Q)N + 1)$$

进一步，如果假设所有社区初始时刻含有相同数目的节点，即 $y_{10} = y_{20} = \cdots = y_{K0} = \frac{N}{K}$，则有：

$$R_0 = \frac{\lambda N}{(\mu+\eta)K}(C + (1-Q)(K-1)) + \frac{1}{\mu+\eta} \tag{4.15}$$

式（4.15）表明，基本再生数 R_0 与社区吸引力 ω 无关，即不同社区吸引力的大小并不能决定口碑是否能够传播开来。此外，由公式可见，流动速率 η 越低，基本再生数 R_0 越低，这意味着个体在不同社区之间的流动降低了传播阈值，有利于口碑传播的开始。在网络结构方面，较高的社区集聚系数 C 和较低的模块度 Q 会使 R_0 的值更高，这说明不论企业选择社区内部联系紧密的微信平台还是社区之间互动较多的微博平台,都可以激发口碑传播。

四、仿真和数值分析

在本部分中,通过数值分析对所提模型进行性能分析。首先,在 Java 平台上进行仿真,并将仿真结果与理论预测进行比较,以评估模型的准确性。其次,在 MATLAB 平台上对理论模型进行数值分析,探究网络结构的动态属性对在线口碑传播的具体影响。

先介绍所讨论的主要参数。本章工作的主要目的是研究社交网络结构的动态变化对在线口碑传播过程的影响。如第二部分所述,网络结构的变化取决于消费者在不同社区间的流动速率 τ 和社区吸引力 ω。由于 τ 可以通过可调参数 η 方便地进行调整,因此可以直接用 η 代替 τ 来表示流动速率。对于社区吸引力,其设置初衷是用以表示各个社区吸引节点能力的相对优势。因此,可以采用社区吸引力的最大差异作为所有社区优势差异的度量标准,记作 $d_\omega = \max\{|\omega_i - \omega_j|\}$,$i, j \in [1, K]$。显然,社区吸引力最大差异 d_ω 值越大,优势社区的优势就越明显。

本部分通过口碑传播范围的平均值来评估在线口碑传播的性

能，具体计算方法为在给定的传播时间内曾经接收到口碑信息的消费者占所有潜在消费者总数的比例。其数学表达式如下：

$$r(T) = R(T)/N, R(T) = \sum_{j=1}^{K}(E(X_j(T)) + E(D_j(T))) \quad (4.16)$$

显然，$r(T) \in [0,1]$，而且 $r(T)$ 的值越大，时间 T 内口碑传播的范围就越广。一般来说，T 也是口碑信息的最长时效。

（一）仿真实验

本小节对模型进行仿真实验，将仿真结果和理论结果对比，来检验所提模型的有效性。口碑传播的初始设置如下：网络规模 $N=1200$，将网络划分为 $K=2$ 个社区，每个社区具有相同数量的消费者。在第一个社区中随机选择一个消费者，作为初始口碑传播源，状态为满足状态 S；其余消费者都处于不满足状态 US。对于调节变量 λ，参照前文将其设为 $\lambda = 3.71 \times 10^{-6}$。对于社区吸引力设置，不失一般性，假设 $\omega_1 \geq \omega_2$，并设 $d_\omega = 0.6$，也即是 $\omega_1 = 0.8$，$\omega_2 = 0.2$。其他参数设置如下：$Q = 0.8$，$C_1 = C_2 = 0.8$，$\mu = 0.0002$，$\eta = 0.002$。

当口碑传播时间在 1~6000 秒时，实验结果如图 4.3 所示，其中仿真实验取 40 次的平均值。

从图 4.3 可以看出，仿真结果与理论上所预测的数值吻合良好。两个值之间的相对误差平均值只有 4.85%，这证明了所提出的模型的准确性。因此，在下文中，只使用理论模型的结果来研

第四章 动态社区结构下在线口碑传播模型构建

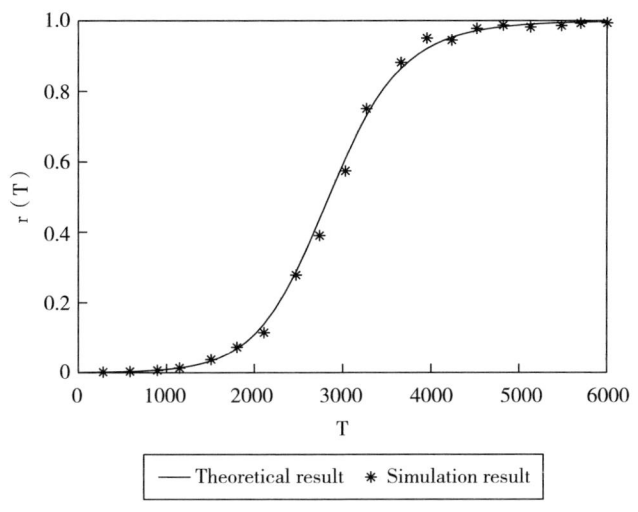

图 4.3 仿真结果和理论结果对比

究社区结构动态性质的影响。

（二）数值分析实验

本小节分析个体流动性对在线口碑传播性能的影响，分别研究不同流动速率 η 和社区吸引力差异 d_ω 的网络中在线口碑的全局和局部传播。本实验中，网络规模设置为 $N=6000$，$K=2$，$d_\omega=0.6$。其他初始网络设置与仿真实验相同。

1. 验证个体不同的流动速度会影响在线口碑的传播范围

当流动速率 η 从 0 上升到 0.012 时，实验结果如图 4.4 所示。为了得到更好的可视性，绘制了不同时间尺度的口碑传播变化过程。

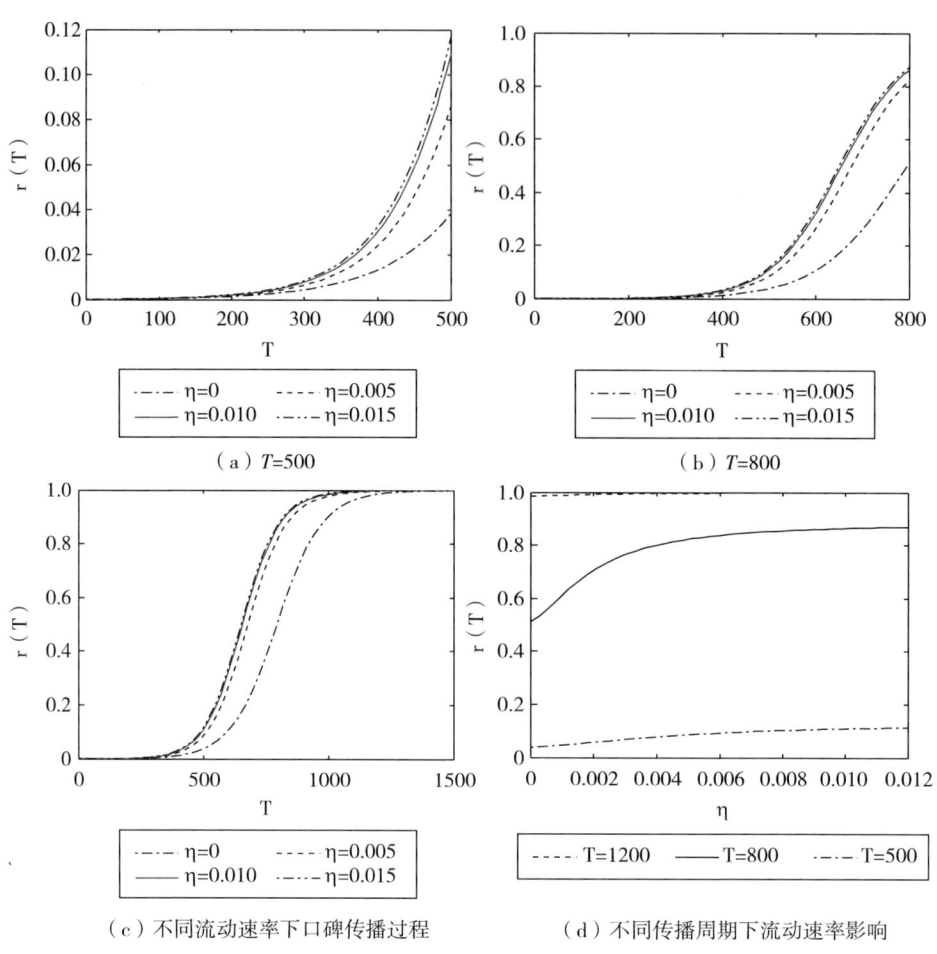

图4.4　强社区结构网络中不同流动速率下口碑传播性能分析

从图4.4可以看到，流动速率 η 对口碑传播有很大的影响，即参数 η 的值越大，口碑的传播范围 $r(T)$ 增长越快。如图4.4（a）至图4.4（c）所示，该结果适用于包括初始爆发、加速增长和减速增长在内的不同阶段的口碑传播过程。此外，从图4.4（d）可以看出，随着流动速率 η 的增长，接收过口碑信息的消费者的最终所占比例在不同的时间尺度上呈现出不同的趋势。例如，当口碑信息的传播时长较长，如 $T=1200$ 时，口碑的传播范围增加很少，总是呈现在高水平；而传播时长较短，如 $T=800$ 或者 $T=600$ 的情况下，这种增加是显著的，表明流动速率对在线口碑早期的传播速度有很大的影响，但当传播时间足够长时，影响却很小。另外，图 4.4（d）也表明，无论在哪个传播阶段，个体流动性对在线口碑传播的促进作用都是有限的，只有最初的流动速率 η 的增加对口碑传播范围 $r(T)$ 有剧烈的影响，这意味着当个体流动速率 η 增加到一定值时，加快个体的社区流动对扩大传播范围不再有意义。

2. 研究社区吸引力差异 d_ω 对在线口碑传播过程的影响

在本实验中，网络规模设置为 $N=6000$，$K=2$，$\eta=0.01$，其他设置同仿真实验一致，结果如图 4.5 所示。从图 4.5（a）至图 4.5（c）可以看出，社区吸引力差异 d_ω 对口碑传播有很大的影响，即优势社区的优势越明显，口碑传播越广泛。具体来说，当一个社区在吸引消费者能力上存在明显优势时，该网络上的口碑传播将在较早时实现其初始爆发如图 4.5（a）所示，并在加速增长阶段增长得更快如图 4.5（b）所示。此外，与流动速率的影响不同，图 4.5（d）表明社区吸引力差异值 d_ω 越大，其对口碑传播范围的影响越显著，特别是在传播初始阶段。当然，当口碑传播的时间足够长时，如 $T=1200$ 时，几乎所有的节点都会被感染，这些影响则不能反映出来。

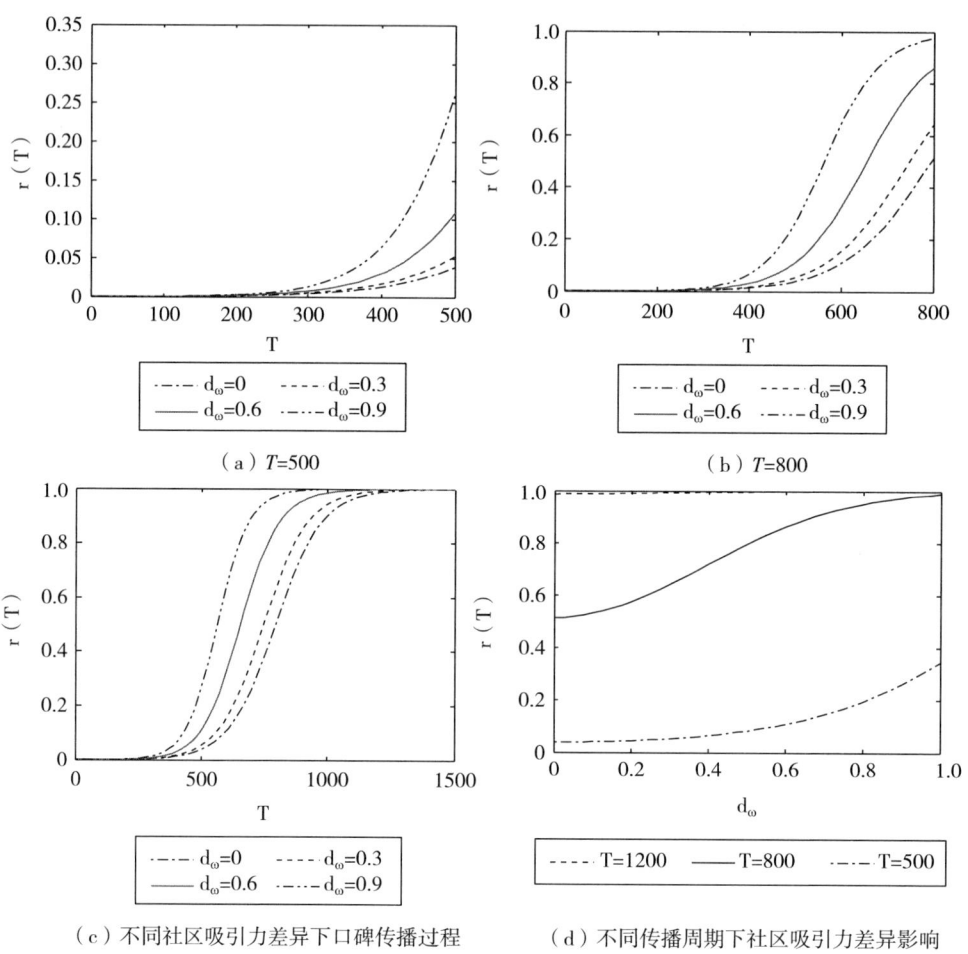

（c）不同社区吸引力差异下口碑传播过程　　（d）不同传播周期下社区吸引力差异影响

图 4.5　强社区结构网络中不同社区吸引力差异下口碑传播性能分析

图 4.4 和图 4.5 所示的结果可以解释如下：事实上，消费者的流动性和社区吸引力的差异通过将消费者集中到优势社区促使社区结构发生变化。因此，优势社区中的 S 状态的消费者将拥有更多的朋友，这直接提高了 US 状态的消费者接收口碑信息的可能性，加速了优势社区的局部传播，从而提高了整个网络中口碑

传播的性能。

为了更深入地理解个体社会流动性的影响，本节研究了局部口碑传播的动态过程，分析了传播速度和传播范围的变化情况，其中参照文献传播速度表示如下（Barthélemy 等，2004）：

$$V_r(t) = \frac{dr(t)}{dt} \approx \frac{r(t) - r(t - \Delta t)}{\Delta t} \tag{4.17}$$

这里，Δt 很小。与前文的实验相同，网络规模 $N = 6000$，社区数 $K = 2$，为了反映流动速率对局部传播的影响，设定社区吸引力差异较大 $d_\omega = 1$（$\omega_1 = 1$，$\omega_2 = 0$），且社区结构很强 $C_1 = C_2 = 0.85$，$Q = 0.9$，其他参数与仿真实验一致。结果如图 4.6 所示，其中 $V_r(T)$ 表示传播速度，$N(T)$ 表示各个社区的节点总数，$X(T)$ 表示各个社区 S 状态节点的数目。

从图 4.6（a）可以看出，当流动速率 $\eta = 0.002$ 时，在优势社区 M_1 中，局部传播的速度达到峰值的时间比 $\eta = 0$ 时更早，且峰值明显较高，这对应于图 4.6（a）子图中所示的传播范围趋势。相反，在劣势社区 M_2 中，当 $\eta = 0.002$ 时，虽然在初期阶段的传播速度较高，但峰值时间远远晚于 $\eta = 0$ 的情况。这些结果对应于前文实验发现的结果，即优势社区局部传播的加速推动了其他社区的局部传播和全局传播。事实上，如图 4.6（b）所示，由于个体社会流动性，优势社区集中了越来越多的消费者，S 状态的消费者数量迅速爆发，而劣势社区 M_2 中消费者的流失导致 S 状态消费者数量的减少，使得其局部传播减缓。

在上述研究中，探讨了流动速率 η 和社区吸引力差异 d_ω 对

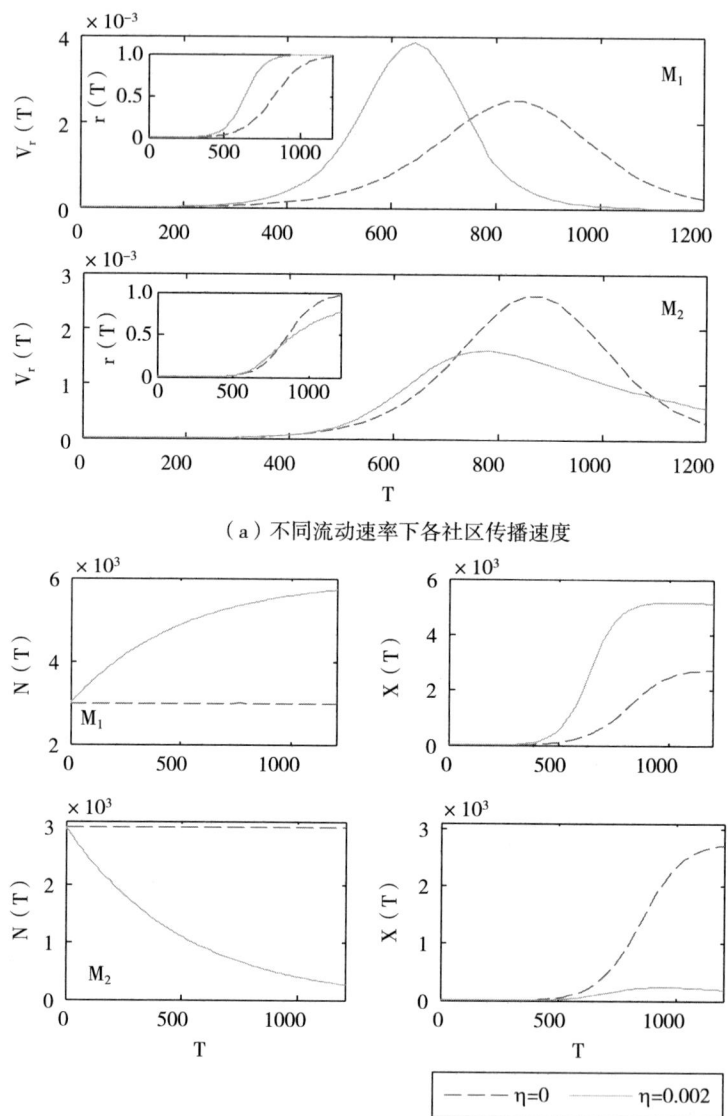

（a）不同流动速率下各社区传播速度

（b）不同流动速率下各社区中不同状态的节点数

图4.6 强社区结构网络中口碑局部传播过程分析

具有一般强度社区结构 $Q=0.8$ 和高社区连接密度 $C_1=C_2=0.8$ 的网络上的在线口碑传播动态的影响。接下来研究当网络模块度很高或者很低的情况下，二者对传播过程的影响，这里，社区的连边密度仍然很高。不失一般性，同样也假设 $C_1=C_2$ 并用标记 C 代替。当流动速率从 0 上升到 0.012，实验结果如图 4.7 所示。注意，图 4.7 是颜色等值线图，即垂直坐标代表从 0 到 0.012 的各种 η 值，水平坐标表示时间步长 T，并且 $r(T)$ 的对应值由不同的颜色编码表示，颜色越深，表示值越高。

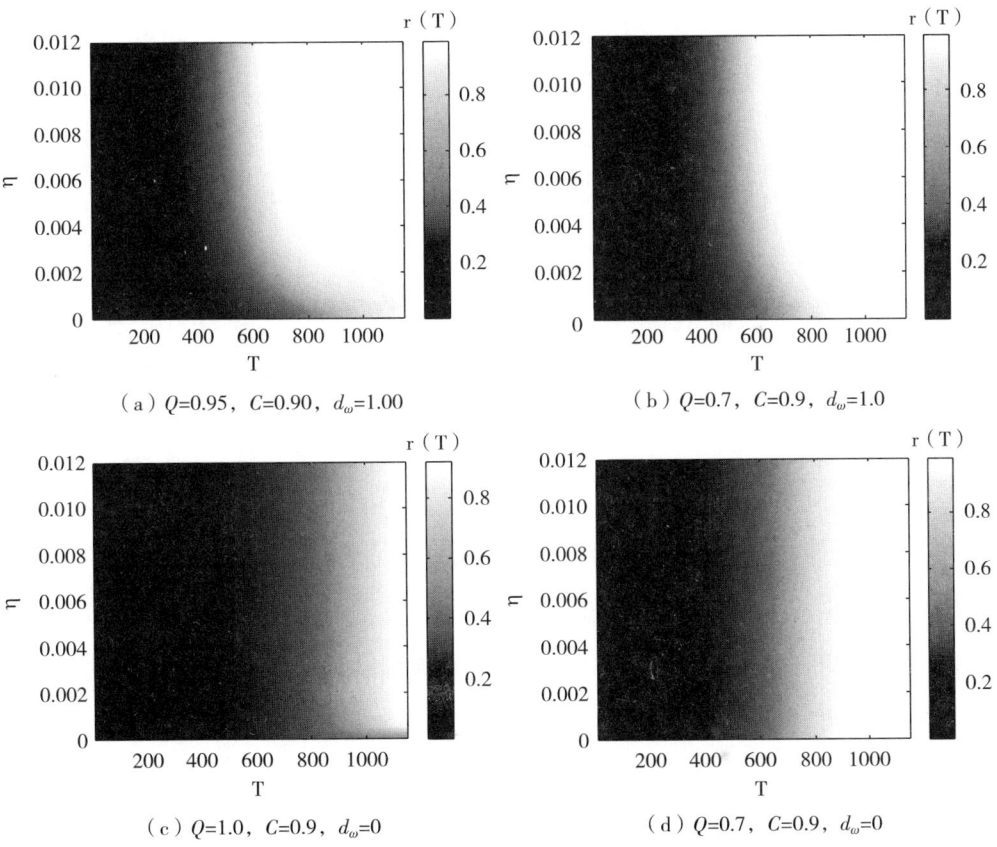

(a) $Q=0.95$, $C=0.90$, $d_\omega=1.00$

(b) $Q=0.7$, $C=0.9$, $d_\omega=1.0$

(c) $Q=1.0$, $C=0.9$, $d_\omega=0$

(d) $Q=0.7$, $C=0.9$, $d_\omega=0$

图 4.7 流动速率在不同社区结构强度网络中对口碑传播过程的影响

从图4.7可以看出，在不同强度的社区结构下，流动速率 η 呈现不同的影响。当存在明显的优势社区时，如图4.7(a)～图4.7(b)中的情况，流动速率 η 对口碑传播范围增长的促进作用在强社区结构下，如图4.7（a）所示，比弱社区结构下，如图4.7（b）所示，更加强烈。但是，在这两种情况下，这种作用仅在 η 的初始增加阶段才有效，当 η 达到一定值后，它的增加对口碑的加速扩散过程就不再有效了。事实上，社会流动性为口碑传播提供了一种新的方式，即可以通过连接不同社区的消费者进行口碑传播，从而减少网络模块化对口碑传播的阻碍作用。因此，社区结构越强，它所起的作用就越大，其影响也就越大。但是当流动性为消费者提供足够的连接其他用户的机会时，口碑信息传输效率可能受到其他因素的限制而不会增强。本实验还发现，如图4.7（a）所示，当传播时间足够长时，如果流动速率非常低，随着 η 的增长，口碑传播范围不会增加甚至会降低。这与House和Keeling（2011）的研究结果一致，即不同社区之间较少沟通并不总是阻碍全局传播。

对比图4.7（c）和图4.7（d）发现，当所有社区具有相同的吸引力时，个体流动性对口碑传播的促进作用变得很小，特别是在弱社区结构网络中，这种效应几乎消失。这个结果启示大家，如果不同社区的个体流入流出的规律相近，那么通过控制流动速率来促进或抑制口碑传播就没有意义。

第四章 动态社区结构下在线口碑传播模型构建

五、本章小结

大量研究构建了动态网络模型，并探索了其上的动力学过程，但大多是从微观个体尺度研究的，虽然学者们从中观角度描述了社区结构的动态变化过程，但缺乏对其上的动态传播过程的模型研究。然而，模块化结构在口碑信息的传播过程中起着重要的作用。因此，本章研究了模块化网络的动态变化性质如何影响在线口碑传播过程的问题。主要工作总结如下：

首先，提出了基于 ODE 方法的动态模块化网络中的连续时间马尔可夫口碑传播动力学模型，其中引入了称为流动速率和社区吸引力两个参数来描述社区结构的动态变化性质。同时，求解了传播模型的基本再生数 R_0，发现社区吸引力与 R_0 无关，而流动速率与其成反比。通过理论分析和计算机仿真验证了该模型推导的准确性，仿真结果与理论结果的偏差仅为 4.85% 左右。

其次，分别研究了流动速率和社区吸引力对口碑的全局和局部传播的影响。研究发现两个变量对口碑信息传播都有很强的作用，特别是在口碑传播的初期爆发阶段。此外，由流动性和社区吸引力差异引起的聚集效应为社区之间口碑信息传递提供了新的途径，因而优势社区的局部传播得到显著增强，最终导致了全局传播范围的增长。

最后，分别探讨了在具有较强和较弱社区结构的网络中个体流动性对口碑传播影响的强度。结果表明，在社区结构强的网络上流动性对口碑传播的促进作用要大得多。然而，社会流动性并不能总是有效地加速在线口碑的传播。当所有社区具有相同的吸引力时，提高或降低流动速率将不再促进或抑制口碑信息传播。

第五章
在线口碑情感信息传播模型构建

在线口碑中含有大量的消费者情感信息，若消费者对产品满意度较高，通常会产生正面口碑；反之，则会产生负面口碑。伴随在线口碑的传播，消费者对产品的情感态度也在社交网络中传播开来。本章从口碑本身出发，研究口碑中情感信息的传播规律，并分析企业干预对口碑情感传播的影响。该研究有助于企业监控消费者对产品的情感态度，对企业及时制定有效策略、引导口碑情感传播方向具有重要意义。

本章具体内容安排如下：第一部分介绍研究背景，并引出问题；第二部分构建考虑企业干预的口碑情感传播模型；第三部分通过数值分析实验，分析消费者个体特征以及企业干预对口碑情感传播的影响；第四部分总结本章内容。

一、引言

情感信息对于口碑传播的策略制定有重要价值。随着社交媒体技术快速发展，越来越多的消费者选择在社交网络上分享消费体验，这使得口碑中的情感信息的传播与交流空间空前活跃。

当口碑信息在消费者之间传播时，一方面，接收到口碑信息的消费者的评价会受到传递者的影响，如若消费者接收到的口碑信息表达出明显的负面情感，通常会受到该负面情感的影响，发表口碑的情感倾向于负面，产生口碑情感的传播。另一方面，消费者行为研究表明，大多数消费者在购买产品时，会主动搜索以及浏览网上的现有评论，以作为购买决策的依据。因此，接收到口碑信息的消费者的评价也会受到当前网络中其他消费者情感的影响，如当网络中整体消费者情感倾向于正面，而消费者接收到一条情感为负的口碑信息时，若接收者能有效感知网络中的正面情感，其发表的口碑情感有可能会倾向于正面。因此，区别于一般的情感，消费者发布的在线口碑中的情感，不仅受相邻节点的影响，还受社会网络中整体情感的影响。

正面情感的口碑会提升企业品牌形象，增加企业收益，反之，负面情感的口碑则会损害品牌形象，减少企业收益。如何有效地促进正面口碑传播并同时抑制负面口碑传播是企业关注的重要问题。本章考虑了企业干预包括企业采取措施时间以及资源投入量这一因素,为企业口碑管理提供参考建议。

本章结合心理学上的情绪感染理论以及复杂网络传播动力学理论,基于SIR传染病模型,研究社交网络上口碑信息及其情感的传播过程,构建在线口碑情感传播模型,模型中引入消费者全局感知因子,用以描述消费者情感受全局网络的影响程度。采用仿真模拟方法,揭示在线口碑情感信息的传播机理及内在规律,并研究了企业采取措施的时间以及资源投入量对口碑情感传播的影响,为企业制定干预策略提供理论支持。

二、在线口碑正负情感传播模型

在线口碑的传播中伴随着消费者的情感传播。当社交网络中的潜在消费者接收到口碑信息时,其不仅获得了相关产品的客观评价信息,同时也感知到传递者所表达的对产品的主观情感态度。由情绪传染理论,接收口碑的消费者对产品的情感会受到传递者情感的影响,因此,消费者情感随着口碑信息的传播而传播。本部分首先介绍发生口碑传播的网络模型;其次,建立了基本的口碑信息传播模型,描述了口碑信息传播过程以及消费者情感传播过程；最后，考虑企业干预因素，构建消费者口碑情感传播模型。

（一）网络模型

本章研究的是社交网络上消费者口碑情感信息的传播过程，先对仿真网络模型简单介绍。

假设网络中有 N 个节点，每个节点代表一个消费者，两个节点之间有连边，则认为对应的两个消费者之间是朋友关系。通常，如果两个节点之间有连边，则称为强关系；否则，则称为弱关系。

网络中所有节点分为三类：

（1）不满足节点 US：未接收到口碑信息的消费者。

（2）满足节点 S：通过好友传播或者主动搜索，已接收到口碑信息且有再传播意愿的消费者。

（3）免疫节点 D：接收过口碑信息，但由于失去兴趣或者传播动机消失，不再传播的消费者。

每个时刻，一个节点仅能处于一种状态。

如前文所述，消费者的在线口碑中蕴含有情感信息，表达对产品的满意度。因而，对于每一个接收过口碑信息的消费者 k，$k \in [1, N]$，用变量 ζ_k 表示其情感值，并假设 $\zeta_k \in [-1, 1]$，若 $\zeta_k > 0$，则表示其口碑情感为正面的；若 $\zeta_k < 0$，则表示为负面的。$|\zeta_k|$ 表示口碑情感的强度，$|\zeta_k|$ 值越大，表示正面或负面的情感越强烈。不满足状态节点由于尚未接收到口碑信息，因此尚

未形成口碑情感,在模型中默认不满足状态即 US 状态的节点的情感值为 0。

综上,网络中的任意一个消费者 k 可以表示为 $node_k(state, emotion)$,$state$ 表示消费者的状态,$emotion$ 则表示消费者的情感值。

在初始设置中,随机选择 S_0 个节点作为初始传播节点,处于 S 状态,代表初始时刻已经发布或转发口碑信息的消费者。其他节点则处于未接收口碑信息状态即 US 状态。同时,假设网络结构是静态的,即认为节点数目和连边情况不发生变化。

(二) 基本传播模型

口碑可以帮助消费者规避风险,从口碑传播的动机来看,消费者不仅是被动地接收口碑,还会主动搜索产品口碑信息,因此,与一般信息传播过程不同,在线口碑传播对强关系并不具有依赖性,往往会通过弱关系发生。本章假设,网络中任何两个节点之间都有可能发生口碑传播行为,而且假设这个概率服从负指数分布。负指数分布常用于描述网络节点之间的相遇情况,是任意两个节点连续相遇之间的时间间隔服从负指数分布。这里,借鉴节点相遇规律来表示口碑在弱关系中的传播规律。

1. 构建口碑信息的传播模型

与第三章、第四章模型类似,消费者的状态 $state$ 随信息传播过程而改变,具体如下:

US→S:US 状态的消费者以概率 P_S 从状态为 S 的消费者接

收到口碑信息，节点状态转变为 S。

S→D：S 状态的消费者可能会因为对口碑信息失去兴趣而不愿再继续传播，此时节点状态以概率 P_D 变为移除状态 D。

即节点状态转移顺序为 US→S→D，该过程如图 5.1 所示。

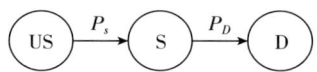

图 5.1 在线口碑信息传播过程

分别以 $X(t)$、$Y(t)$、$D(t)$ 表示 t 时刻状态为 S、US 和 D 的消费者的数目，以 $\{*\}$ 表示某类消费者的集合，例如，$\{X(t)\}$ 表示 t 时刻状态为 S 的消费者的集合，显然，集合 $\{X(t)\}$ 中的元素数为 $X(t)$。

对于概率 P_S，在 $[t, t+\Delta t]$ 时间内，由于任意两个节点发生口碑信息传播的概率服从参数为 λ 的负指数分布，因此一个 US 状态节点 k 被一个 S 状态节点 j 感染的概率为：

$$P_{kj} = 1 - e^{-\lambda \Delta t} \tag{5.1}$$

而 t 时刻，网络中状态为 S 的节点数目为 $X(t)$，节点 k 被其中任意一个 S 状态节点感染，其状态就会变为满足状态 S。因此，US 状态节点 k 转变为 S 状态节点的概率为：

$$P_S = 1 - (1 - (1 - e^{-\lambda \Delta t}))^{X(t)} \tag{5.2}$$

对于概率 P_D，一个为满足状态 S 的节点可以在传播口碑信息之后依然具有传染性，继续传播口碑给不满足状态 US 节点。同时，它也有可能由于对口碑信息失去兴趣而不再传播，转变为移

第五章 在线口碑情感信息传播模型构建

除状态 D 节点。概率 P_D 依赖于距离初始传播的时间间隔。本章假设 P_D 服从一个参数为 μ 的负指数分布,即

$$P_D = 1 - e^{-\mu \Delta t} \tag{5.3}$$

由于状态为 S 和 D 的消费者均是接收过口碑消息的,因此用 $R(t) = Y(t) + D(t)$ 表示口碑信息的传播范围。

2. 伴随着口碑信息的传播,消费者对产品的情感也在传播,即消费者的情感值 emotion 在改变

当节点由不满足状态 US 转变为满足状态 S 时,其情感值由默认值 0 发生改变,具体如下:

在 $[t, t+\Delta t]$ 时间内,一个 US 状态节点 k 被一个 S 状态节点 j 感染时,情感强度值发生变化。消费者 k 接收到来自消费者 j 的口碑信息,但是,在情感上并不会完全一致,会基于其自身对产品的认知程度,以及感知到的网络中其他人的口碑情感综合形成自己对该产品的口碑信息。因此,消费者 k 的情感值受两部分影响:一是传递给其口碑信息的消费者,即消费者 j;二是当前网络中整体口碑的情感值,本章用所有接收过口碑信息的消费者的情感平均值表示。另外,由于消费者的异质性,不同消费者对全局信息的感知程度不同,因而给每个消费者设定一个全局感知因子,用 ε 表示,$\varepsilon \in [0, 1]$,ε 越大,表示对全局信息的了解程度越高,受到的影响也越大。不失一般性,假设消费者的全局感知因子 ε 呈正态分布,即 $\varepsilon_k \sim N(a, b^2)$,$a$ 是平均值,b 是标准差。综上,消费者 k 的口碑情感值 ζ_k 可按式(5.4)计算:

$$\zeta_k = (1 - \varepsilon_k)\zeta_j + \varepsilon_k <\zeta_t> \tag{5.4}$$

其中，ε_k 代表消费者 k 的全局感知因子；ζ_j 代表 t 时刻传递口碑消息的消费者 j 的口碑情感值；$<\zeta_t>$ 代表 t 时刻全局网络的情感强度平均值，即

$$<\zeta_t> = \frac{\sum_{i \in \{X(t)\} \cup \{D(t)\}} \zeta_i}{(X(t) + D(t))} \tag{5.5}$$

其中，$X(t)$、$D(t)$ 分别代表 t 时刻状态为 S、D 的节点总数目，$\{X(t)\} \cup \{D(t)\}$ 代表 S、D 节点集合，$i \in \{X(t)\} \cup \{D(t)\}$ 表示节点 i 的状态是 S 或 D。

由于消费者一旦发布或转发口碑信息，即接收到口碑信息，其情感值就已经确定，因此，消费者的情感变化仅仅发生于其状态由不满足状态 US 转变为满足状态 S 的过程中，其他过程，消费者情感值保持不变。

在消费者情感的传播过程中，主要关心其情感值的正负性，即新感染的消费者产生的是正面口碑（Positive Word of Mouth, PWOM）或是负面口碑（Negative Word of Mouth, NWOM）。记 t 时刻口碑情感值为正的消费者的数量为 $Pos(t)$，则：

$$Pos(t) = |\{k \in \{X(t)\} \cup \{D(t)\} \mid \zeta_k > 0\}| \tag{5.6}$$

同样地，记 t 时刻，口碑情感值为负的消费者的数量为 $Neg(t)$，则：

$$Neg(t) = |\{k \in \{X(t)\} \cup \{D(t)\} \mid \zeta_k < 0\}| \tag{5.7}$$

分别用 $Pos(t)$ 和 $Neg(t)$ 表示正面口碑和负面口碑的传播范围。

(三) 考虑企业干预的传播模型

产品口碑的情感值与企业效益息息相关，提升消费者的认知和情感感知可有效地刺激消费者的购买意向。为了创造更大的利益，企业会积极投入资源提升消费者的满意度，改变消费者对产品的情感态度。扩展模型可考虑企业干预对在线口碑情感传播的影响。

本章假设，企业干预并不会影响口碑信息传播范围，仅对口碑情感传播有影响。接下来，主要探讨企业在何时采取措施，投入多少资源能有效控制在线口碑的情感传播。

企业市场部门会随时监控产品口碑情感变化情况，以了解消费者对产品的满意度，及时采取措施，有效抑制负面口碑传播，如针对消费者反映的问题及时予以解决，或通过有效沟通采取服务补救措施；同时促进正面口碑传播，如加大公司广告力度、提升品牌形象等。企业的这些策略可以提高消费者对产品的满意度，进而提高消费者在线口碑的情感值。

不考虑同行业其他企业恶意竞争的负面措施，本章模型只考虑传播口碑的企业的正面措施，这也是企业普遍采取的策略。假设，在时刻 t_0 企业感知到风险，进而增加资源投入，带来的直接效应是新接收到口碑信息的消费者 k 会以概率 P_c（$0 \leqslant P_c \leqslant 1$）提升对产品的情感值，企业投入资源越多，$P_c$ 值越大，因此，下文直接称 P_c 值为企业资源投入量。至于情感提升的幅度，不妨按假设与 P_c 值一样。

当 $t < t_0$ 时，企业尚未感知到风险，并不采取措施，新接收到口碑信息的节点 k 情感值 ζ_k 如式（5.4）所示；当 $t \geqslant t_0$ 时，每个时刻 t，新感染的节点 k，即 $k \in \{X(t+\Delta t)\} - \{X(t)\}$，会以概率 P_c 改变其情感值 ζ_k，新的情感值：

$$\zeta'_k = \begin{cases} \zeta_k + P_c, & \zeta_k + P_c \leqslant 1 \\ 1, & \zeta_k + P_c > 1 \end{cases} \quad (5.8)$$

其余传播过程与基本传播模型一致。考虑企业干预的口碑情感传播模型如图 5.2 所示。

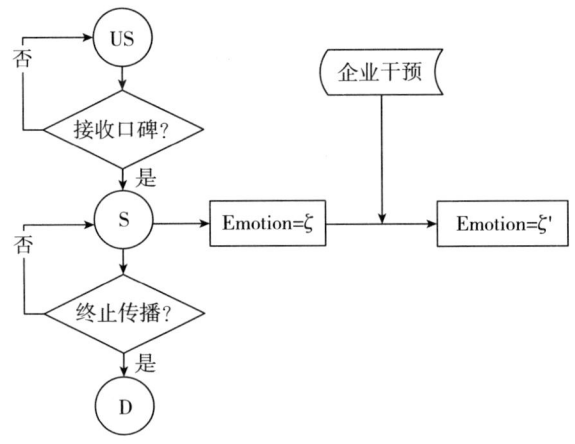

图 5.2　考虑企业干预的在线口碑情感传播过程

三、仿真实验

本章所构建的模型将在 Java 平台上仿真实现。每一个时刻 t，统计所有接收过口碑信息即满足状态和移除状态的消费者数目之和 $R(t)$，用以衡量口碑传播范围变化；同时，统计每个节点的情感值 ζ_k，$k=1,2,\cdots,N$，分别计算情感值为正（即 $\zeta_k>0$）的消费者的数目 $Pos(t)$，以及为负（即 $\zeta_k<0$）的消费者的数目 $Neg(t)$，衡量正、负面口碑传播范围变化。

（一）实验环境和初始设置

本实验基于 Java 2013，搭建在线口碑情感信息传播仿真平台，并进行模拟实验。初始时刻，实验基本设置如下：仿真网络的规模，即社交网络用户总数设置为 $N=2000$；随机选取 S_0 个消费者作为初始评论者，进入状态 S，对应的初始情感值为 Em_0。设定最大传播时间为 $T=1800$；为了提高实验结果的可靠性，每次实验重复 100 次，取平均值作为实验结果；对于口碑传播概率的参数 λ 同第三章、第四章的设置一致，即 $\lambda=3.71\times10^{-6}$；消费者终止传播的概率参数 $\mu=0.0002$。下文如无特殊说明，表示采用同样的实验设置。

（二）基本模型分析

本实验将首先对在线口碑传播范围进行分析，以发现社交网络上的口碑传播的一般规律；其次，将通过分析无企业干预因素时，口碑情感传播过程。分别探讨了初始口碑源的情感分布特征 Em_0，即初始口碑正、负情感的比例及各情感强度，消费者个体特征即消费的全局感知能力 ε_k 的平均水平 a 以及其差异性 b 对口碑情感传播过程的影响。

1. 分析消费者在线口碑信息的传播范围 $R(T)$，即接收到口碑信息的消费者的数量随着时间的变化的情况

如前文所述，消费者的情感传播依赖口碑信息的传播，但假设了口碑信息的传播并不受情感传播的影响，因而，本章一旦确定参数 λ 和 μ，那么其他参数的设定只会影响情感传播，而不会影响口碑信息的传播，为体现整个传播过程，本实验设置消费者终止传播速率较高，为 $\mu = 0.001$。这里仅以以下参数设置方案为例：网络规模 $N = 2000$，企业资源投入量 $P_c = 0$，初始口碑源数量 $S_0 = 3$，初始口碑情感值 $Em_0 = [-0.8, 0.7, -0.6]$，消费者感知因子 $\varepsilon_k \sim N(0.1, 0.1^2)$。结果如图5.3所示，其中 $S(T)$、$US(T)$、$D(T)$ 分别为 S、US、D 状态消费者数目的变化情况。

图5.3（a）表明，给定足够长的时间，大多数消费者能接收到口碑信息。在初始阶段口碑传播比较缓慢，在 T=600 秒左右进入爆发阶段，大量的潜在消费者接收到口碑信息，口碑传播过程呈S形。图5.3（b）显示，随着时间的推移，接收过口碑信息的消费者会逐渐由活跃状态转变为移除状态，失去口碑再传播的动机。这些结果表明，本章构建的口碑信息传播模型与现实情况相符：新产品推出阶段，消费者兴趣极高，积极传播口碑信息；产品生命中后期阶段，一方面消费者对产品的认知度提高，口碑传播意愿降低，另一方面企业也会逐渐吸引消费者关注利益更高的下一代产品，因而消费者逐渐终止传播。

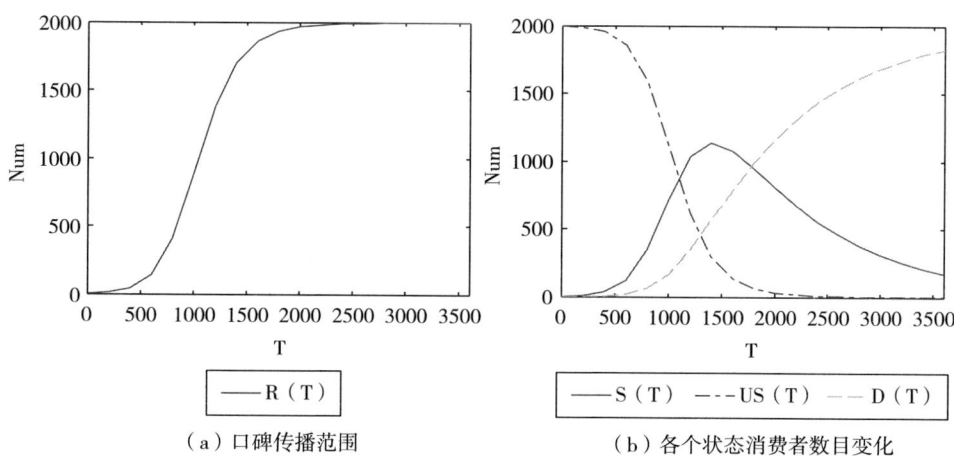

(a) 口碑传播范围　　　　(b) 各个状态消费者数目变化

图 5.3　在线口碑信息传播过程

2. 分析口碑情感的传播过程，即正面口碑数量 $Pos(t)$ 以及负面口碑数量 $Neg(t)$ 随时间的变化过程

分别考虑初始口碑源情感特征以及消费者个体特征因素的影响作用。

（1）初始口碑源情感特征因素。图 5.4 表示初始口碑传播源情感特征对正、负面口碑传播过程的影响。本实验中，初始传播源中，正、负面口碑数的比例均为 1∶2，即负面口碑较多，但是口碑的情感强度不同。其中图 5.4（a）表示 $Em_0 = [-0.8, 0.7, -0.6]$ 的情况，此时全局情感平均值 $<\zeta_0> = -0.23 < 0$，为负；而图 5.4（b）表示初始情感分布 $Em_0 = [-0.1, 0.9, -0.2]$ 的情况，此时，初始时刻的全局情感平均值 $<\zeta_0> = 0.2 > 0$，为正。图中实线表示正面口碑，虚线表示负面口碑。

由图 5.4 可以看出，初始口碑的情感值对口碑情感传播过程影响较大。当初始传播源中,正、负口碑的情感强度相差不大时,如图5.4(a)所示,数量较多的口碑情感会得到广泛传播;而当口碑情感强度相差较大时,如图5.4(b)所示,虽然负面情感口碑在初始传播源中所占比例较高,但是,由于正面口碑的情感强度极高,使得正面口碑的传播在速度和范围上都明显优于负面口碑。产生该结果的原因如下:当初始口碑源情感为负占多数时,不满足状态消费者从负面口碑源接收信息的概率较大,因而直接接收到的情感也为负向,此时,若正负口碑源情感强度均衡,那么全局网络的情感也倾向于负向,因此,新感染的消费者的口碑情感为负的概率较大;而若正向口碑源情感强度明显强于多数的负面口碑源时,虽然消费者直接接收到的情感为负,但是消费者极容易感知到全局网络的正向情感,因此,弱化了直接传

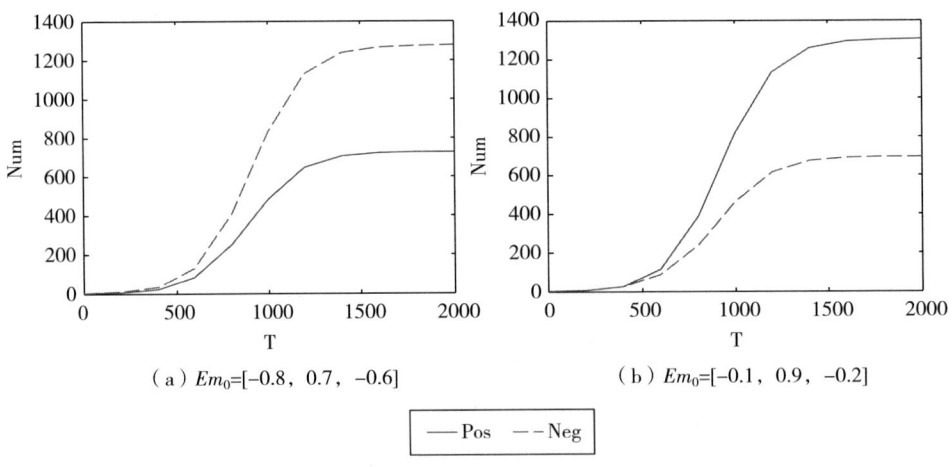

(a) $Em_0=[-0.8, 0.7, -0.6]$ (b) $Em_0=[-0.1, 0.9, -0.2]$

—— Pos --- Neg

图5.4 初始口碑传播源情感值对正、负面口碑传播过程影响

播源的情感影响，正面情感逐渐传播。实验结果体现了口碑传播与普通情感传播的区别，即消费者主动搜索行为所带来的全局感知的影响。

（2）消费者个体特征因素。模型中另一个影响口碑情感传播的重要变量是消费者的全局感知因子 ε_k，表示消费者对当前网络中其他消费者的口碑情感的感知能力。以下分别讨论消费者全局感知能力的差异性程度 b 以及平均值 a 对口碑情感传播的影响。

1）分析消费者对全局感知能力的异质性对正、负口碑传播范围的影响。通常由正态分布 $N(a, b^2)$ 产生的随机数，99%的数会落在 $a \pm 3b$ 内，鉴于感知因子的取值范围为 $\varepsilon \in [0, 1]$，因而，本实验中设置 $a = 0.5$，$b = \{0.04, 0.08, 0.12, 0.16\}$ 表示消费者全局感知能力的差异程度。在随机数的产生中，若此随机数不在规定范围内，则重新产生一个，直至满足此范围。由于节点规模较大，因此，这个设置依然会保证产生的感知因子的随机性。实验结果如图5.5所示。

由图5.5可以看出，消费者全局感知能力差异程度对口碑情感传播影响较弱且不规律。

2）分析消费者全局感知能力平均值 a 的影响。图5.6展现了当消费者对全局口碑情感信息感知程度不同时，正、负面口碑传播过程的变化。其他参数保持不变，设定初始口碑情感值 $Em_0 = [0.8, -0.7, 0.6]$；感知度因子的方差 $b = 0.1$；$a = \{0.1, 0.3, 0.5, 0.7\}$ 表示消费者对全局情感信息的不同程度的感知能力。这里，虽然当平均值 a 较小时，产生的随机数有一定概率

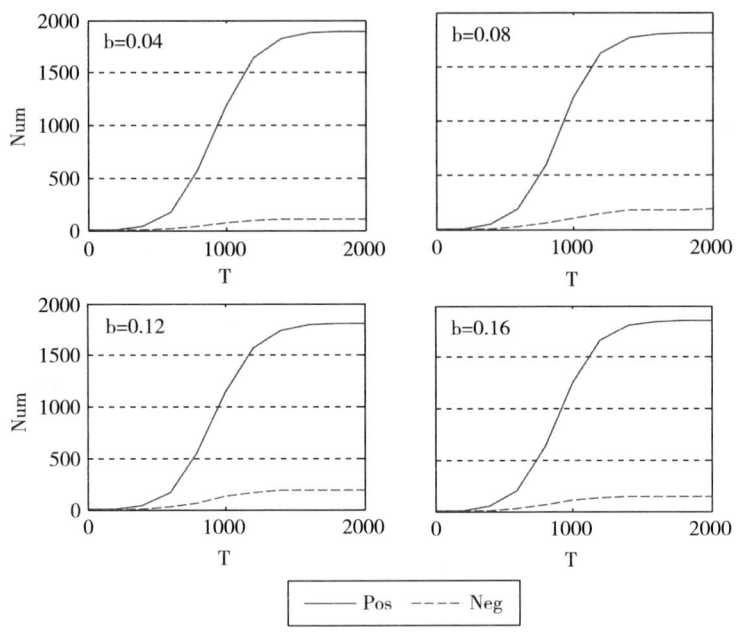

图 5.5　消费者异质性对正、负面口碑传播的影响

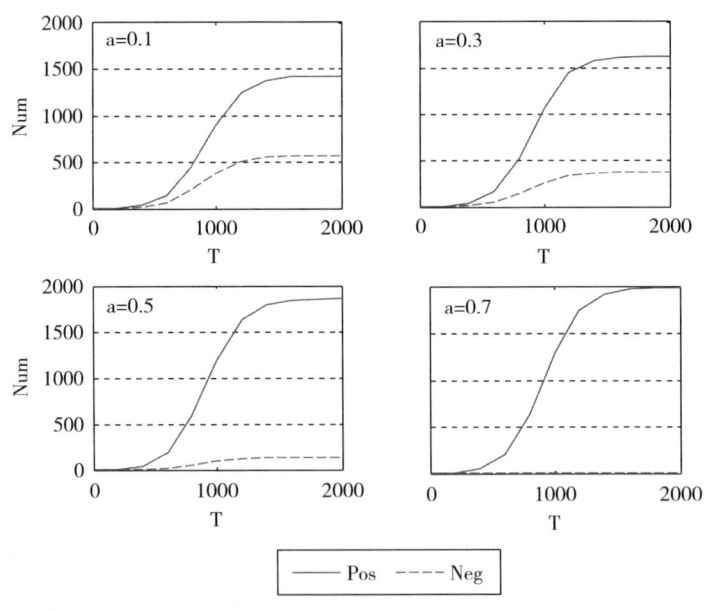

图 5.6　消费者平均全局感知度对正、负面口碑传播的影响

不在范围 [0，1] 内，使得最终的感知因子的分布并不严格服从正态分布，但是由于差异性 b 对情感传播结果的影响很小（由实验 5.5 验证），因而，并不影响本实验结果的有效性。

由图 5.6 可以看出，消费者对全局的平均感知能力越强，口碑情感传播受极端评论情感的影响越小。本次实验，初始口碑中正面口碑数与负面口碑数比值为 2∶1，初始网络平均情感值为 2.333 > 0。当消费者平均全局感知因子较低时，如 $a = 0.1$ 时，消费者对全局口碑信息感知度低，更倾向于认同传递给其信息的消费者的情感，因而初始的负面情感得以传播；而当消费者全局感知因子较高时，如 $a = 0.7$ 时，消费者能有效感知到整个网络的口碑信息，受当前传递信息的消费者情感的影响明显减少，因而，新的接收口碑信息的消费者情感与网络平均情感值更加接近，正面口碑得以广泛传播。

（三）企业干预影响分析

本实验主要分析企业正面策略对在线口碑情感传播的影响，分析企业资源投入量 P_c 以及企业感知风险时间 t_0 对口碑情感传播的影响。本实验中，因为分析的是企业正面策略对于负面口碑的控制效果，因此，初始口碑源中设置负面口碑所占比例较大，具体地，设置为 $Em_0 = [-0.8, 0.7, -0.6]$；其他参数无特别说明则和上一小节中的实验设置一致。

1. 分析企业资源投入量的影响作用

图 5.7 显示，企业采取正面策略，抑制负面口碑、促进正面

口碑传播时，正、负面口碑传播范围随着企业资源投入量的变化过程。在保持其他参数不变的情况下，设定 $t_0 = 0$，即在传播初始时刻企业即投入资源；$P_c = \{0.1, 0.2, 0.3, 0.4, 0.5, 0.6\}$ 表示企业不同程度的资源投入。图 5.7（a）表示在不同资

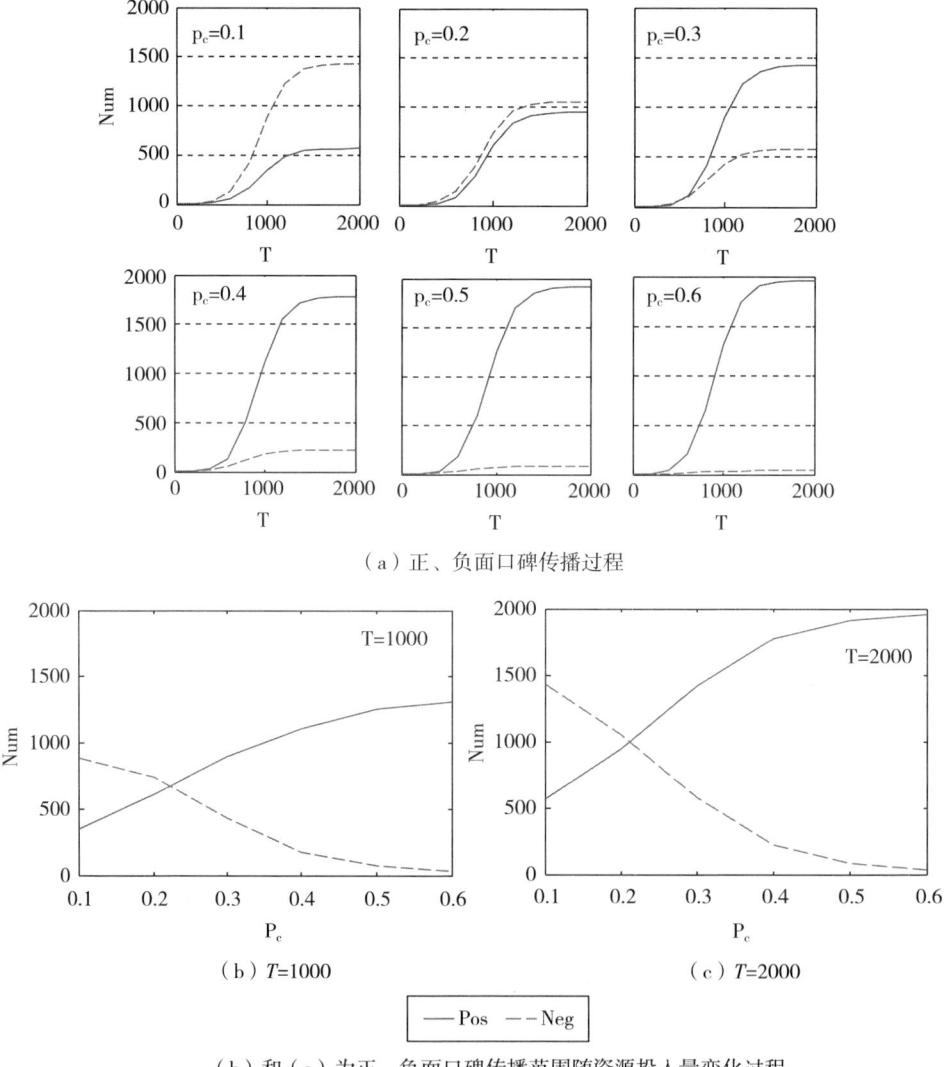

（a）正、负面口碑传播过程

（b）$T=1000$

（c）$T=2000$

（b）和（c）为正、负面口碑传播范围随资源投入量变化过程

图 5.7　企业投入资源量对正、负面口碑传播的影响

源投入量下,正、负口碑传播范围随着时间的动态变化情况。图 5.7(b)和图 5.7(c)表示具有不同时效的产品口碑随企业资源投入量 P_c 的变化情况,图 5.7(b)表示口碑时效较短 $T=1000$,而图 5.7(c)表示口碑时效较长 $T=2000$。

实验结果显示,企业资源投入显著影响口碑情感传播过程,有效促进正面口碑的传播,同时抑制负面口碑的传播。首先,如图 5.7(a)所示,由于初始时刻负面口碑占多数,当企业资源投入较少时,如 $P_c=0.1$,负面口碑并未受到抑制,依然在消费者中广泛传播;只有企业资源投入达到一定量时,本实验在 $P_c=0.3$ 左右,才能有效控制负面口碑的传播,使得整体口碑情感偏向正向,且随后,资源投入量越高,消费者产生的正面口碑越多。由图 5.7(b)和图 5.7(c)可以看出,企业资源投入量 P_c 与正、负面口碑的传播范围呈非线性关系,随着 P_c 的增大,其对口碑情感传播的影响逐渐减弱。在 $P_c=0.4$ 左右,负面口碑的传播范围基本控制在 10% 左右,再继续增加资源投入,对降低负面情感传播的作用不再显著。

2. 分析企业感知风险时间的影响作用

图 5.8 显示,企业感知到风险并采取措施的时间对正、负面口碑传播过程有影响。在保持其他参数不变的情况下,设定 $P_c=0.4$;$t_0=\{200,400,600,800,1000,1200\}$ 表示企业不同的投入资源时间。图 5.8(a)表示在不同投入资源时间下,正、负面口碑传播范围随着时间的动态变化情况,实线表示正面口碑,虚线表示负面口碑。图 5.8(b)表示一定资源投入量下,

正、负面口碑传播范围随企业感知风险时间 t_0 的变化情况。

实验结果显示,企业感知风险时间显著影响口碑情感传播过

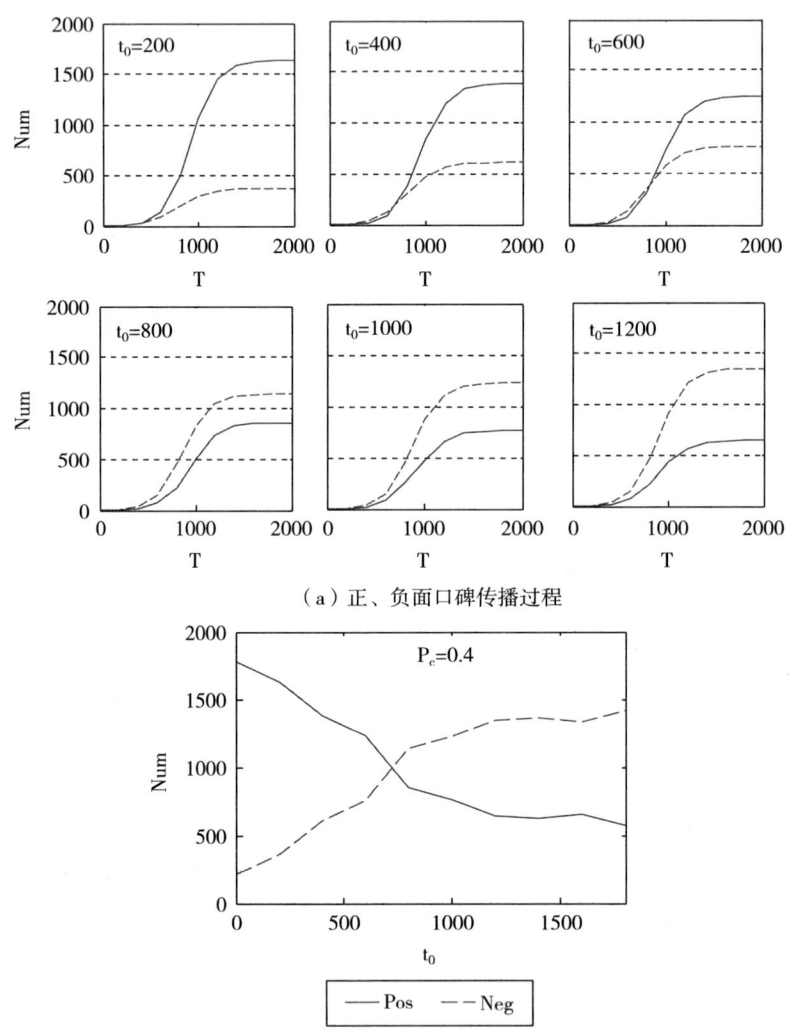

(a)正、负面口碑传播过程

(b)正、负面口碑传播范围随感知风险时间变化过程

图 5.8 企业感知风险时间对正、负面口碑传播的影响

程。首先，如图 5.8（a）所示，企业感知风险时间较早，当 $t_0 = 600$ 时，虽然在企业采取措施之前，负面口碑在传播范围和速度上均明显高于正面口碑，但随着企业资源的投入，越来越多的消费者感知到企业的正面信息，从而产生正面口碑，进而使得负面口碑的传播逐渐受到限制。然而，若企业感知风险时间较晚，如 $t_0 = 1200$ 时，此时，口碑传播已经进入中后期，大部分消费者已接收到口碑信息，负面情感已在消费者中蔓延开来，即使企业积极投入再多的资源，也难以改变消费者的负面情绪。由图 5.8（b）可以看出，企业感知风险时间 t_0 与正、负面口碑的传播范围呈非线性关系，随着 t_0 的增大，其对口碑情感传播的影响逐渐减弱。在传播初始阶段，如 $t_0 \leq 600$ 时，正、负面口碑的传播范围对企业感知风险时间敏感度高，此阶段，企业尽早采取措施能显著抑制负面口碑、促进正面口碑传播；而在传播中后期，如 $t_0 \geq 1200$ 时，此阶段，企业采取措施的时间对口碑情感传播影响不大。

四、本章小结

在线口碑展现了消费者对产品或服务的评价，蕴含着消费者对产品或服务的情感态度。对口碑的情感分析研究有助于企业了解消费者对产品的满意度。虽然大量研究挖掘并分析了口碑情感，但缺乏口碑情感传播相关的研究。然而，由情绪感染理论可知，伴随着口碑信息的传播，消费者的情感也在传播。因此，本章研究了在线口碑情感的传播过程，并探讨了企业干预对其的影响。本章的主要工作总结如下：

首先，基于传染病模型，提出了一个基本在线口碑情感传播模型，用传播状态 state 和口碑情感值 emotion 两个属性刻画消费者肖像，将情感的传播融合于口碑信息的传播过程中；进一步，在基本模型基础上，将企业干预考虑进来，模拟了企业干预对口碑情感传播过程的影响。

其次，通过仿真分析，探究了初始口碑源情感分布以及消费者个体特征对口碑情感传播的影响。结果显示，初始口碑源情感可显著影响口碑情感传播过程，它不仅受到正、负情感口碑比例的影响，更受情感强度的影响，强情感强度的情感更具传染性。另外，消费者对全局情感信息的感知能力也能有效影响口碑传播过程，平均感知度越高，极端评论的影响越小，而感知能力的差异程度并不能产生显著影响。

最后，针对控制负面口碑传播问题，分析了企业资源投入量以及感知风险时间对口碑情感传播的影响。结果显示，口碑传播初始阶段是企业采取措施的黄金时间，此阶段，企业增加单位资源投入，可产生显著抑制负面口碑效应，而且，此时企业感知风险时间越早，所产生的效果越强。而在传播中后期，企业干预对口碑情感传播则影响较弱。

本章分析了企业干预下在线口碑正负情感信息的传播过程，为研究正负面口碑传播问题提供了理论模型。模型中虽然区分了正、负情感，但并未考虑不同极性情感传播的差异性，现实社交网络中负面情感往往比正面情感更具传染性，未来工作将对此进一步研究。

第六章
在线口碑正负情感提取及其传播实例分析

第三章至第五章分别构建了考虑不同因素的在线口碑传播模型，从理论上分析了兴趣转移、动态社区结构以及口碑情感对口碑传播过程的影响作用。本章以新浪微博上关于三星 Note 8 的文本评论为例，以实际数据分析正、负面口碑的传播过程。本章的研究内容对企业在实际环境中获取并分析口碑信息及情感具有重要的借鉴意义。

本章具体内容安排如下：第一部分描述了实例中采用微博上三星 Note 8 的评论数据集；第二部分分析实例产品的口碑信息传播过程，并验证了兴趣转移模型的有效性；第三部分提出一种基于主题相似性的文本评论情感分类方法，并分析了实例产品口碑情感传播过程；第四部分总结本章内容。

第六章　在线口碑正负情感提取及其传播实例分析

一、实例数据集

（一）数据集来源

新浪微博是中国最大的微博网站，是中国社交网络的代表之一。据2016年数据统计，新浪微博月活跃用户达到2.97亿人，日活跃用户达到1.32亿人；而且微博用户人均每天使用微博的时间长达26.2分钟，具有较高的用户黏性。广泛活跃的用户资源使得微博成为企业青睐的重要营销平台。企业通过建立官方微博、发布企业或产品相关的能够吸引用户关注的内容，如产品营销文案、转发或评论抽奖活动等，促使用户在微博以及其他社交网络中分享或评论该内容，随着这些信息的传播，消费者对品牌或产品的用户体验、情感态度等在社交网络中广泛传播，在线口碑得以生成并传播，企业达到营销目的。

本章选取三星品牌，分析其新产品 Note 8 手机的口碑传播情况。三星 Galaxy 盖乐世官方微博如图 6.1 所示，截至 2017 年 10 月，其粉丝数已经达到 869 万人，具有较高的影响力。2017 年 9 月 13 日，三星 Note 8 新品发布会在北京召开，企业官方微博"三星 GALAXY 盖乐世"发布相关微博，如图 6.2 所示，截至本

三星GALAXY盖乐世 V ＋关注
♂ 北京 http://weibo.com/samsungmobile
三星（中国）投资有限公司
关注 63 ｜ 粉丝 869万 ｜ 微博 11727
简介：拥有一个崭新的视野，让你去发现，去探索。拥有盖乐世 Note8，让大事尽在掌握。

图 6.1 三星 Galaxy 企业官方微博

三星GALAXY盖乐世 V
9月13日 10:00 来自 微博 weibo.com
#三星GalaxyNote8#
全视曲面屏，
不止是设计美和极致握持感；
S Pen，不止是为了书写；
双摄，不止是增加了一个摄像头……
Note8，不止是一次升级，
而是创造方式的重新创造。
盖乐世 Note8 新品发布会，
北京时间9月13日18:00，官网将全程直播。
用Note8创造，大有可为！ 用Note8创造

用Note8创造
盖乐世 Note8 新品发布会

☆ 收藏　　　↗ 686　　　💬 4164　　　👍 6746

图 6.2 三星 Galaxy Note 8 微博

书实验时间，即2017年10月14日，该条微博共计转发686次，评论以及用户互动回复达4164次，点赞达6746次。本书采用集搜客软件（http：//www.gooseeker.com/）爬取该微博下的所有评论（不包含用户互动回复）共计1904条，时间范围从2017年9月13日10：00至10月14日11：36，分析评论产生的时间以及情感。以此数据简单验证本书所提模型的有效性。

（二）数据集分析

将所爬取的数据预处理后，保留评论用户、评论内容和发布时间三个字段，表6.1展示了部分预处理之后的数据集。

表6.1 数据集示例

序号	评论用户	评论内容	发布时间
1	-SHENZJ	第一个为啥这么没人气	9月13日10：00
2	LION-PE	只有我还对三星有信心，而且喜欢它的黑科吗	9月13日10：02
3	苏苏苏闪闪	雄起！闹特8！	9月13日10：07
4	268ob	听说炸机和啤酒更配哦	9月13日10：31
5	康康康康强	用过的我只想说辣鸡	9月13日11：04
6	许我寸心爱正浓	曲面真的好看	9月13日11：19
7	桃菁妹	不好意思以前用的三星，现在都用华为！！	9月13日11：39
8	段稳丽	用了Oppo，还是想念三星。下一部手机，我还选择三星	9月13日15：42
9	青竹与桃	就是喜欢三星的设计。感觉这才应该是科技时代的手机呀。Note 7没买成买的华为，但是看到Note 8又好心动了	9月13日16：30
10	站在坟头调戏鬼123	有预约购买Note 8二次确认选三星dex收到货的吗？为毛到现在我还没收到！	10月12日21：08
11	草潼呢	现在难怪销量差，这种售后态度，就连售后，都这么，强硬了哦，售后处理不好，那就别在中国卖手机了哦	10月13日10：17

1. 分析微博用户的兴趣转移行为

由评论内容可以看出,消费者对产品的兴趣在改变。例如,评论 7 体现了用户兴趣由三星转移到了华为;评论 8 体现了用户兴趣由 Oppo 手机转移到三星;评论 9 则体现了用户兴趣由华为转移到三星 Note 8 产品。

2. 分析微博网络结构特点

微博网络中,用户之间以关注的形式形成连接,关注关系是单向的,即用户 A 关注了用户 B,但不代表用户 B 也关注了用户 A。一个用户可以关注多个用户,同样地,一个用户也可以被多个用户关注,即有多个粉丝。对于微博网络的社区结构,学者们提出了各种发现方法,主要是结合用户之间的显性关系即关注关系以及隐性关系如用户标签相似度、主题兴趣相似度等。对于本实例数据涉及的用户网络,由于它本身并不是一个完整的网络结构,因此,无法准确地划分社区结构。我们简单地认为支持同一个品牌的手机的用户属于同一个社区。

3. 分析微博口碑内容的特点

由表 6.1 可以看出,微博评论有以下特点:首先,微博评论的一个显著特点是通常用户所表达的情感比较明确,情感表达强烈,对产品支持或者不支持态度明显;其次,评论明显口语化,语法不规范,而且存在网络用语,如"闹特 8"、"辣鸡"、"炸机"等;最后,评论字数通常比较简短,很少会全方位描述产品特征,通常仅针对单一特征。

二、微博平台上口碑信息传播过程分析

本部分中,首先基于第一部分的实例数据集分析三星 Note 8 产品口碑信息的传播过程;其次,采用第三章所提出的基于个体兴趣转移的口碑传播模型,模拟实例中的信息传播过程,并对所提模型进行验证。

(一)基于实际数据的传播分析

统计实例数据集中 1904 条评论的发表时间,记作 T,其中,以第一条评论的时间为基准,即将 9 月 13 日 10:00 设置为 $t=0$ 时刻。以分钟为时间间隔,统计每分钟内新产生的评论数,本书认为每条评论的评论者均不同,因此一条评论即可代表一个用户,用评论数表示传播范围,记作 $R(T)$。图 6.3 展现了口碑信息的传播过程,横轴表示传播时间 T,单位为分钟,纵轴表示累加评论数,也即口碑传播范围 $R(T)$,单位为个。

由图 6.3 可以看出,该产品口碑信息在初期迅速进入爆发阶段,而后传播速度急剧变缓,以较慢的速度持续在网络中传播。

这种现象可以用第三章所提出的兴趣转移行为模型解释。该信息发布初期,存在大量对该产品感兴趣的用户,该部分用户对

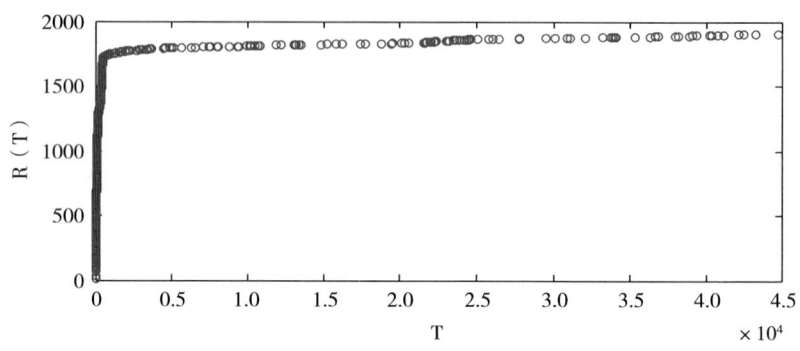

图 6.3　三星 Note 8 口碑传播过程实例

三星品牌关注度高，因此，对新产品信息敏感度极高，在极短时间内，即可接收到信息并产生大量口碑；而随着时间的推移，其他产品的推出如三星 C8 等又会吸引用户，使得 Note 8 热度下降。同时，也逐渐有一批新的原来对此产品不感兴趣的用户持续发生兴趣转移，接收到该信息，并产生口碑，使得该产品口碑信息得以持续传播。

（二）基于理论模型的传播分析

微博网络是一个弱关系网络，即使同属一个社区，用户之间的关系也并不紧密；而不同社区用户之间的互动频率相对较高。因此，在网络参数设置中，将模块度和社区集聚系数均设置为一个较低的值：模块度 $Q=0.5$，社区集聚系数 $C=0.7$；网络规模设置为接近与实际数据集的规模 $N=2000$，而社区数假设为 $K=5$（以评论中所出现的 5 种手机品牌假定的：三星、苹果、华为、Oppo、小米）。其他参数设置如下：终止传播速率 $\mu=0.000008$，

兴趣转移速率 $\rho = 0.000015$，调节参数 $\lambda = 3.71 \times 10^{-5}$。初始时刻各个社区节点不同状态的节点数为 $[S, US, UI, D] = [0, 360, 40, 0]$（第一个社区中存在一个 S 状态节点，因此，其节点数分布为 $[S, US, UI, D] = [1, 359, 40, 0]$）。模拟传播时间 $T = 45000$。

为了更好地验证兴趣转移模型，本书设置了一个对比模型，初始时刻不含有不感兴趣状态 UI 节点的模型，即其各个社区的初始节点数分布为 $[S, US, UI, D] = [0, 400, 0, 0]$（第一个社区中的节点数分布为 $[S, US, UI, D] = [1, 399, 0, 0]$），其他设置不变。实验结果如图 6.4 所示，其中，散点表示实际数据得到的口碑传播过程，实线表示兴趣转移模型 UI–model 模拟结果，虚线表示对比模型 None–UI–model 模拟结果。

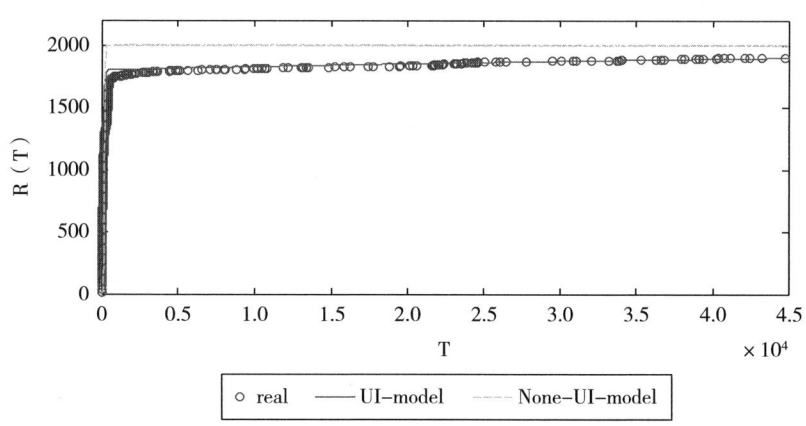

图 6.4　兴趣转移模型理论分析结果与实际结果对比

由图 6.4 可以看出，兴趣转移模型 UI–model 与实际数据的传播结果更加接近，在初期爆发阶段过后，随着不感兴趣 UI 状态节点逐渐变为不满足 US 状态，使得传播后期得到口碑信息的节点数持续缓慢增加，有效地描述了实际传播中的爆发—渐近传播效应。相比之下，若去掉 UI 状态，即 None - UI - model 的模拟效果显然与实际数据差异较大，在初期爆发阶段过后，网络中的节点基本会在较短时间内全部接收到口碑信息，与实际情况不符。由此，验证了所提出的兴趣转移模型的必要性和有效性。

三、微博平台上口碑情感传播过程分析

本部分同样基于第一部分的实例数据集，分析口碑情感的传播过程。社交网络上的评论与电子商务平台或者专业点评平台不同，并不存在消费者的数字打分，需要从文本评论中挖掘消费者的情感信息。为了验证第五章情感传播模型的有效性，必须先分析每条评论的情感的正、负极性，这也是企业分析社交媒体平台上的口碑情感传播的必要过程。鉴于此，首先提出一种基于主题相似性的文本评论情感分类方法，自动分析评论的正、负情感极性；其次，在此基础上，分析实际数据集的情感及其随时间的传播过程。

（一）基于主题相似性的文本评论情感分类模型

微博评论具有评论短、语法不规范等特点，在现有的情感分类方法中，基于主题模型的无监督情感倾向分析效果较好，其中最有影响、应用效果最好的当属LDA（Latent Dirichlet Allocation）模型。本部分提出一种基于主题模型的文本情感分类方法，通过LDA主题模型将文本表示为主题分布形式，通过比较两篇文本的主题得到相似度，并基于相似度实现文本分类。由于微博评论通常比较简短，在产品评论的短文本情感分类问题上，消费者评论主题存在有限性和差异性，主题内容的差异性会导致评论情感相似性的计算误差。为了弱化主题内容对情感分类的干扰，本部分引入理想评论，并构造正、负向代表评论集，通过比较评论和理想评论的主题相似性，获得评论的情感倾向。具体研究方法如下：

采用LDA主题模型挖掘在线评论的隐含主题，结合情感词典计算主题的情感极性，并根据主题的情感极性构造具有强烈感情色彩的理想评论，通过计算评论和理想评论的主题相似度，构建正、负向代表评论集，进而计算得到每条评论的情感倾向值，实现在线评论的自动情感分类。

1. 给出问题描述及相关定义

给定产品评论文档集 $Doc = \{d_1, d_2, \cdots, d_M\}$，其中，$M$ 是文档数目，d_i 是第 i 条评论。评论 d_i 具有情感倾向，本部分研究问题仅限于对文档的正、负情感极性分类。评论文档集可以进一

步表示为 $Doc = \{d_1, d_2, \cdots, d_M, S_1, S_2, \cdots, S_M\}$，$S_i \in \{-1, 1\}$，$S_i$ 表示评论 d_i 的情感倾向，$S_i = 1$ 表示对应的评论 d_i 情感极性为正向，$S_i = -1$ 表示对应的评论 d_i 情感极性为负向。本部分的研究问题即是求解向量 $(S_1, S_2, \cdots, S_M)$，即判断每条评论的情感倾向，将评论进行情感分类。

本部分通过计算每条评论和理想评论的主题相似度获得评论的情感倾向值，为使问题更加清楚，以下给出主题、评论及理想评论的相关定义，表 6.2 给出了相关符号说明。

表 6.2 符号说明

符号	说明	符号	说明
Doc	评论集	R^P_{ideal}、R^N_{ideal}	理想正、负评论
N	评论集含有的词数	θ^R_R	评论 R 在 k 个主题上概率分布
$\vec{R}$	一条评论的向量表示	ϕ_z	主题 z 的词分布
z	主题	$Twords_{z_i}$	主题 z_i 的代表词
k	评论集的主题数	D_{pos}、D_{neg}	正、负向代表评论集
$\vec{T}$	评论的主题向量	λ	相似度阈值

Hennig – Thurau 等（2004）定义在线产品评论为：潜在的、当前的以及过去的消费者公开发布在网络上的对某个产品或企业的正向或者负向的陈述。消费者在线产品评论主要围绕产品特征进行评价，包括产品属性特征，如电脑屏幕、系统等，也包含产品购买平台特征，如物流、服务等，并通常伴有情感表达。由于在线产品评论通常比较简短、所含词语较少、随意性较强、完整性较差、一条评论所评价的产品特征数目较少，导致产品特征向量稀疏。而且，由于评论巨大的数据量，产品特征提取本身已是

一项艰难的任务，将对应的观点与产品特征匹配又进一步提升了对算法技术的要求，且经常需要领域本体的支持（尹裴等，2016）。因此，本部分引入主题的概念，将一条评论表示为一个主题分布向量。具体地，主题的描述性定义如下：

定义 6.1 主题：一个主题可由产品特征、特征观点及情感三个维度描述，以"电脑散热性能"主题为例，"CPU 温度高"，"风扇噪声大"，包含了对不同产品特征 CPU、风扇及对应的观点的情感表达。记第 i 个主题为 z_i，对应的情感倾向为 S_{z_i}，$S_{z_i} \in \{0, 1\}$，$S_{z_i}=1$ 表示正向情感极性，$S_{z_i}=0$ 表示负向情感极性。

本书中，以主题作为基本情感极性单位，每个主题的情感倾向为正向或负向。基于主题情感极性构建理想评论，首先定义评论如下：

定义 6.2 评论：假设整个评论文档集 Doc 共包含 k 个主题，则一条评论 R 可以表示为一个多维向量 $\dot{R} = \dot{T} = (t_1, t_2, \cdots, t_k)$，其中 $t_i \in [0, 1]$，表示评论 R 属于第 i 个主题 z_i 的概率。

若两条评论的主题概率分布相似，则认为两条评论相似，而且两条评论的情感倾向值近似，因此，可以通过计算评论间的主题相似性判别评论情感倾向。Turney 在计算情感词的情感倾向值时，通过计算该情感词和正向词"excellent"的关系值与其和负向词"poor"的关系值的差值获得。借鉴此思想，本书在计算每条评论的情感倾向值时，通过计算每条评论和具有强烈正向情感的正向评论的关系值与其和具有强烈负向情感的负向评论的关系值差值获得。相比于词之间的关系，评论之间的关系更为复杂，为了突出情感维度的关系，本书构造评论文档集 Doc 上的两条理想评论 R_{ideal}^{P} 和 R_{ideal}^{N}，分别称理想正向评论和理想负向评论。具体定义如下：

定义 6.3 理想评论：理想正向评论即为包含且仅包含所有正向情感表达的主题的评论，而理想负向评论即为包含且仅包含所有负向情感表达的主题的评论。即 $R_{ideal}^{P} = \dot{T}^{P} = (t_1, t_2, \cdots, t_k)$，其中 $0 < t_i < 1$，若 $S_{z_i} = 1$，否则 $t_i = 0$；$R_{ideal}^{N} = \dot{T}^{N} = (t_1, t_2, \cdots, t_k)$，其中 $0 < t_i < 1$，若 $S_{z_i} = 0$，否则 $t_i = 0$。

2. 介绍潜在狄利克雷（Latent Dirichlet Allocation，LDA）模型

前面定义 6.2 中将评论表示成主题向量，并且引入了具有强烈情感倾向的理想评论。在此基础上，通过计算每条评论和理想评论的主题相似性，获得每条评论的情感倾向值，进而构造一种基于主题相似性的情感分类模型，自动对在线评论进行情感分类，具体的模型结构如图 6.5 所示。

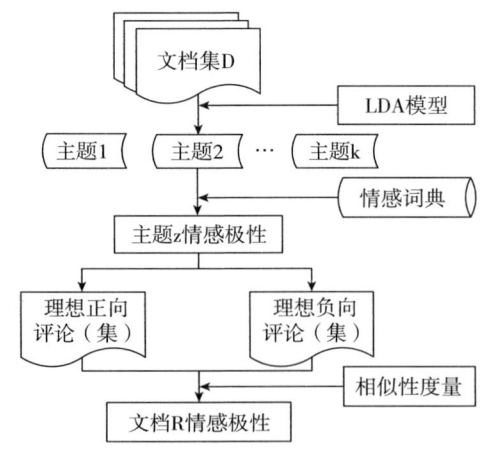

图 6.5　基于主题相似性的情感分类模型总体结构

第六章 在线口碑正负情感提取及其传播实例分析

为获得评论文档集的主题，采用 LDA 主题模型方法训练评论集。

潜在狄利克雷分配模型由 Blei 等（2003）提出，它是一个文档—主题—词的三层贝叶斯生成式模型，其特点是参数空间的规模与语料库大小无关，适合处理大规模语料库，在文本分析领域应用广泛。

在 LDA 模型中，语料库中的每一篇文档可以表示为若干主题构成的一个概率分布，而每个主题又可表示成若干个词构成的一个概率分布。如图 6.6 所示，各文档的主题概率分布服从参数为 α 的 Dirichlet 分布，而各主题的词分布服从参数为 β 的 Dirichlet 分布。具体地，LDA 模型的文档生成过程如下：

（1）对于每篇文档 d，从参数为 α 的 Dirichlet 分布中选择主题参数 θ_d。

（2）对于文档 d 中的单词 w_{d_i}，从参数为 θ_d 的多项式主题分布中产生一个主题 z_{d_i}；从参数为 z_{d_i} 的多项式单词分布中产生单词 w_{d_i}。

（3）重复上述步骤，直至生成整个文档。

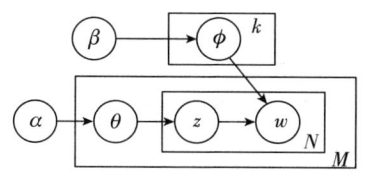

图 6.6 LDA 的图模型表示

将评论文档集 Doc 输入 LDA 模型，训练可以得到文档集 Doc 的 k 个主题，同时，每篇评论 $r \in Doc$ 被表示成 k 个主题的概率向量分布，实现了评论的主题表示。而每个主题 z 也被表示为一个词向量，隐含着不同的产品特征和对应的声明及情感表达。

接下来构造理想评论。

对于给定的评论集 Doc，其中并不包含理想评论，需要自动生成。以下给出生成该评论集上的理想评论的具体方法。

由定义 6.3，以理想正向评论为例，R_{ideal}^P 在所有正向主题下的概率均为正，而负向主题下的概率均为 0，那么，如果一条评论属于所有正向主题的概率均比较大，远远高于其属于负向主题的概率，则可以近似作为理想正向评论。考虑到评论及主题的词袋模型，本书给出一种生成近似理想评论的方法，该方法以主题情感作为评论情感的基本单位，以评论的主题分布和主题情感决定评论的情感倾向。近似理想评论生成算法如下：

步骤 1：以 Gibbs 抽样方法训练评论集 Doc 得到评论 LDA 模型，产生 k 个主题，评论在主题上的分布为 θ，主题在词上的分布为 ϕ；θ_R 表示评论 R 在 k 个主题上的概率分布。

步骤 2：计算主题 z 的情感倾向值。$\phi_z = (\phi_{z_1}, \phi_{z_2}, \cdots, \phi_{z_N})$ 表示主题 z 的词分布，N 是评论集 Doc 中的所有词，结合情感词典（台湾大学情感词典），主题 z 的情感倾向值计算公式为 $S_z = \sum_{i=1}^{N} \phi_{z_i} x_i$，其中 x_i 为决策变量，若第 i 词为褒义词则 $x_i = 1$，为贬义词则 $x_i = -1$，不在词典内则 $x_i = 0$。$S_z > 0$，则主题 z 为正向情感，否则为负向情感。

步骤3：构造近似理想评论。ϕ_z 表示所有词属于主题 z 的概率，取概率值大于 p_0 的词作为主题 z 的代表词，表示为 $Twords_{z_i}$。取所有正向主题 z_i 的 $Twords_{z_i}$，所有词构成一条理想正向评论 R^P_{ideal}；取所有负向主题 z_i 的 $Twords_{z_i}$，所有词构成一条理想负向评论 R^N_{ideal}。

步骤4：将理想评论输入 LDA 模型，估计他们的主题分布，得到理想评论的主题表示。

3. 构建情感分类模型

由 LDA 模型得到了每条评论以及理想评论的主题向量表示：$\vec{R}=\vec{\theta}_R$，$\vec{R}^P_{ideal}=\vec{\theta}^P$，$\vec{R}^N_{ideal}=\vec{\theta}^N$。每条评论可量化为各自的主题概率分布：$R=\theta_R=(p_{R_1},p_{R_2},\cdots,p_{R_k})$，$R^P_{ideal}=\theta^P=(p^P_1,p^P_2,\cdots,p^P_k)$，$R^N_{ideal}=\theta^N=(p^N_1,p^N_2,\cdots,p^N_k)$。

以评论和理想评论之间的主题相似度差值作为判别评论情感倾向的依据，具体地，评论 $R \in Doc$ 的情感倾向值可由式（6.1）计算：

$$Sentiment(R)=Sim(R,R^P_{ideal})-Sim(R,R^N_{ideal}) \quad (6.1)$$

其中，$Sim(R,R^P_{ideal})$ 表示评论和理想正向评论的主题相似度，而 $Sim(R,R^N_{ideal})$ 表示评论和理想负向评论的主题相似度。以 Pearson 相关相似度 r 作为两条评论的相似度度量标准，n 维向量 X 和 Y 的 Pearson 相关相似度如下：

$$r=\frac{\sum_{i=1}^{n}(X_i-\bar{X})(Y_i-\bar{Y})}{\sqrt{\sum_{i=1}^{n}(X_i-\bar{X})^2}\sqrt{\sum_{i=1}^{n}(Y_i-\bar{Y})^2}} \quad (6.2)$$

由于理想评论包含主题数较多,而普通评论通常较为简短,所包含的主题数较少,即使具有相同的情感倾向,由于两者对应的主题概率分布的差别,由式(6.2)计算得到的相似度会有所降低,进而,由式(6.1)计算得到的评论情感倾向值也会有偏差。为了降低此偏差,分别以正、负向代表评论集 D_{pos}、D_{neg} 代替正、负向理想评论。给定阈值 $\lambda \in [0,1]$,若 $Sim(R, R_{ideal}^{P}) > \lambda$,则 $R \in D_{pos}$;若 $Sim(R, R_{ideal}^{N}) > \lambda$,则 $R \in D_{neg}$。则评论 $R \in Doc$ 的情感倾向值可由式(6.3)计算:

$$Sentiment(R) = \sum_{R^P \in D_{pos}} Sim(R, R^P) - \sum_{R^N \in D_{neg}} Sim(R, R^N) \quad (6.3)$$

若 $Sentiment(R) > 0$ 则评论 R 情感倾向为正向;若 $Sentiment(R) \leq 0$ 则评论 R 情感倾向为负向。

具体地,评论集 Doc 上的情感分类算法的详细步骤描述如下:

步骤1:对评论集 Doc 进行预处理:1)采用中科院的分词系统 ICTCLAS 分词;2)剔除停用词。得到评论集 Doc。

步骤2:以评论集 Doc 作为训练数据集,输入 LDA 模型获得评论集 Doc 的主题分布矩阵 θ_D 等,以及评论集 Doc 的 LDA 模型 final-model。

步骤3:计算每个主题的情感倾向,并生成理想评论 R_{ideal}^{P} 和 R_{ideal}^{N},以 final-model 估计得到理想评论的主题分布 $\theta^P = (p_1^P, p_2^P, \cdots, p_k^P)$ 和 $\theta^N = (p_1^N, p_2^N, \cdots, p_k^N)$。

步骤4:根据式(6.2)计算普通评论和理想评论的相似度,取相似度阈值 λ,构造正、负向代表评论集 D_{pos}、D_{neg}。

步骤5:根据式(6.3)计算每条评论的情感倾向值 Senti-

$ment(R)$,对所有评论进行情感分类。

(二) 标准数据集下情感分类模型测试

本书下载谭松波博士公布的关于计算机、酒店及图书的情感分类数据集,并从数据堂下载关于手机的情感分类数据集。对四个数据集进行整理:①剔除字数在10字以下以及无效评论;②删除情感标注明显不恰当的评论。整理后共得到有效评论9259条,每种数据集的大小和正负情感分布如表6.3所示。

其中,数据集Corp1主要用于算法性能测试,而Corp2~4则主要用于验证算法的领域可移植性。

第一步,以LDA模型发现主题并基于情感词典判别主题情感极性。

首先是情感词典的构建,采用的是台湾大学情感词典,从语料中提取在线产品评论中特有的表达情感的词和短语,如"性价比高""实惠""节能""退货""烫""噪声""划痕"等,扩充为适用于本书研究的情感词典。

表6.3 实验数据集

极性	计算机(Corp1)	酒店(Corp2)	图书(Corp3)	手机(Corp4)
负向	1942	987	861	882
正向	1923	1001	843	820

其次,以LDA模型发现评论集主题及每条评论的主题向量表示,参数设置为 $\alpha=0.625$,$\beta=0.01$,主题数 $k=80$(依据困惑

度选取），迭代次数 10000。本书所用 LDA 工具包下载地址：http：//jgibblda.sourceforge.net/#Griffiths04。

利用 LDA 模型的文档—主题矩阵 θ 可以得到第 i 条评论的 k 维主题向量表示 θ_i，即 $R_i = \theta_i$，$i = 1，2，\cdots，M$；利用主题—词矩阵 ϕ 可以得到第 i 个主题的 N 维词向量表示 ϕ_i，结合情感词典，得到主题 z_i 的情感倾向 S_{z_i}，$i = 1，2，\cdots，k$，具体如表 6.4 所示。限于空间，只列出计算机 Corp1 的部分主题。

表6.4 主题情感极性

序数	主题词向量	情感值	情感极性
1	游戏 看 玩 爽 电影 3D 片 流畅 已经 大型 兽 魔 一个 应付	0.200	正向
2	慢 预装 运行 vista VISTA 软件 垃圾 只能 无法 系统 鸡肋 实在 换系统 激活 程序	-0.032	负向
3	容易 指纹 钢琴 烤漆 面 外壳 漆 镜面 收集 表面 留脏 器 摸 磨 手印 划痕 A 留下 砂	-0.037	负向
4	屏 完美 三星 蓝 DDR3 液晶 达 极 背光 反光 佳 + 内存 刚好	0.161	正向
5	散热 热 开 烫 出 下面 长时间 电源适配器 厉害 左侧 风口 夏天 底座 不好 热量 适配器 缘故	-0.245	负向

依据主题情感极性及其词向量分布 ϕ，由理想评论构造方法分别构造了近似理想正评论 R_{ideal}^P 和近似理想负评论 R_{ideal}^N，并由该评论集的 LDA 模型得到两条近似理想评论的主题向量 $R_{ideal}^P = \theta^P = (p_1^P, p_2^P, \cdots, p_k^P)$，$R_{ideal}^N = \theta^N = (p_1^N, p_2^N, \cdots, p_k^N)$。计算向量

θ^P 和 θ^N 的皮尔逊相关相似度,值为 -0.78,显著负相关,验证了本书提出的构造近似理想评论方法的有效性。

第二步,验证情感分类模型的准确性。

利用基于主题相似性的情感分类模型对实验语料进行情感分类。为了检测阈值 λ 对最终分类结果的影响,在数据集 Corp 1 上取不同规模评论语料,研究了 λ 取值对分类结果的影响,利用 F1 值作为实验结果的评估标准。从评论集 Corp 1 中随机抽取相应规模的评论数(为简便计算,正向评论数和负向评论数相同),获得 6 个评论测试集,规模分别为 500、1000、1500、2000、2600、3000。研究的 λ 取值范围为 [0, 0.3],实验结果如图 6.7 所示,其中子图为固定 λ 值,语料规模增大对应的 F1 值变化情况。

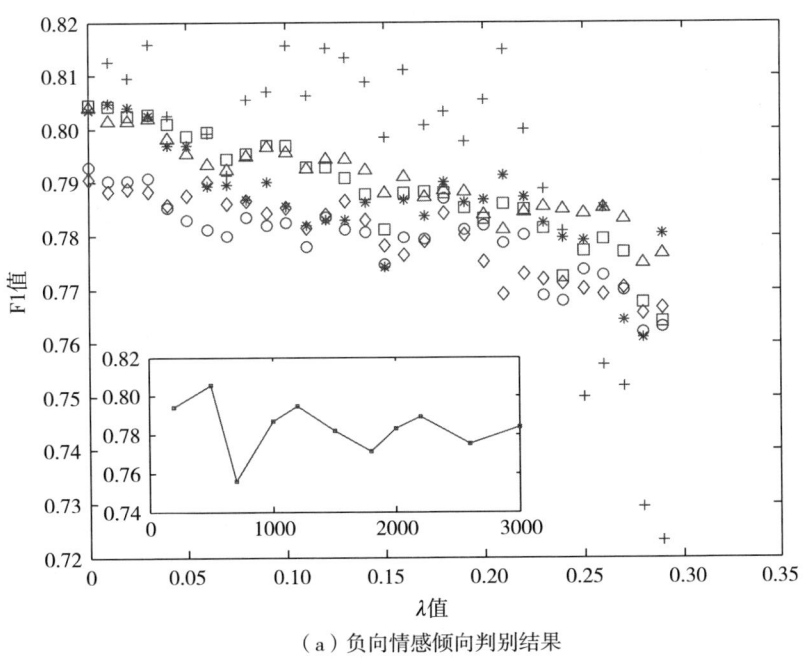

(a)负向情感倾向判别结果

图 6.7 不同规模评论预测结果 F1 值

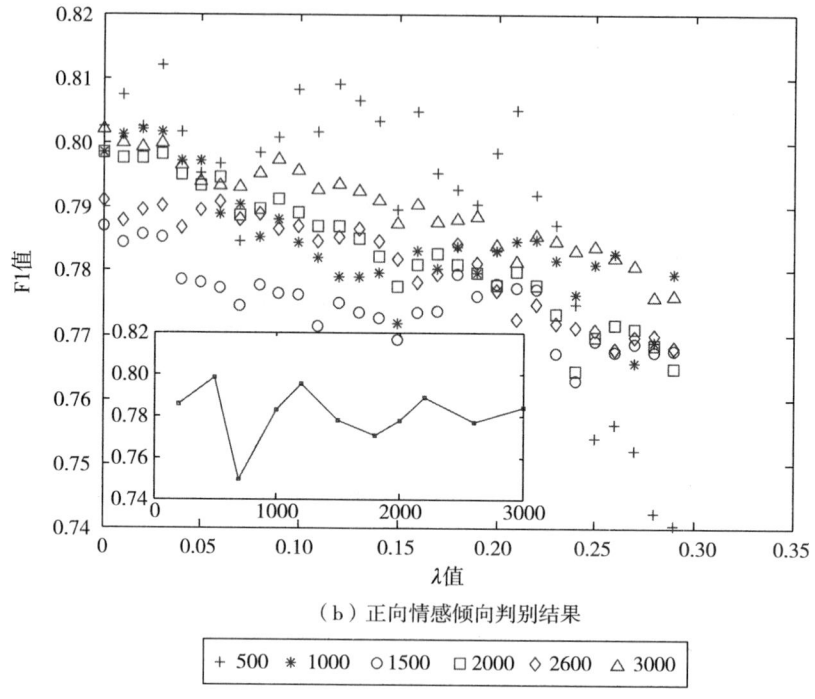

图 6.7 不同规模评论预测结果 F1 值（续图）

由图 6.7 可以看出，虽然评论语料规模不同，但是随着阈值 λ 的增大，实验结果 F1 值总体呈波动下降趋势。在所研究的 λ 取值范围内，实验结果的 F1 值在 [0.723，0.817] 之间，若除去规模为 500 条评论的小规模测试集，F1 值的波动范围仅为 [0.761，0.805]。可见 λ 取值对具有一定规模的评论集的实验结果有影响，但影响不大。在 λ ∈ [0，0.03] 时，F1 值均在 0.785 以上，正负情感倾向判别结果较好。另外，由子图可以发现，对于固定的 λ 值，随着评论语料规模的逐渐增大，F1 值并未有明显的规律，基本上是在某个固定值上下波动，这说明 λ 的取值与语料规模无明显关系。

基于以上分析,本书中 λ 的取值方法为随机取自区间 [0,0.03]。

表 6.5 给出了当 λ 随机取自区间 [0,0.03] 时在计算机评论集 Corp1 的评论情感分类的实验结果,以准确率 P、召回率 R 以及 F1 值作为评判实验结果的标准,结果为 10 次实验的平均值。

表 6.5 实验结果

数据集		λ	P 准确率		R 召回率		F1 值	
			负向	正向	负向	正向	负向	正向
Corp 1	Avr	0.01665	0.8023	0.7948	0.7953	0.8018	0.7985	0.7983
	min	0.0042	0.802	0.793	0.792	0.801	0.798	0.798
	max	0.0288	0.803	0.796	0.797	0.803	0.799	0.799

由表 6.5 可以看出,当 λ 在区间 [0,0.03] 内随机取值时,计算机类评论集 Corp 1 的正、负情感倾向判别结果的准确率 P、召回率 R 以及 F1 值均在 80% 左右,且 10 次实验的结果变化幅度极小,F1 值的变化幅度仅为 0.001。因此,λ 在区间 [0,0.03] 内任意取值,可以降低程序计算的复杂度,在简化实验过程的同时又不会降低算法性能。

为进一步验证本部分所提模型的有效性,将本书模型与其他情感分类模型进行比较,包括 ASUM 模型(Jo 等,2011)、JST 模型(Lin 等,2009)、Pang 等(2002)的方法和 UTSU 模型(孙艳等,2013),采用数据集 Corp1。比较结果如图 6.8 所示。

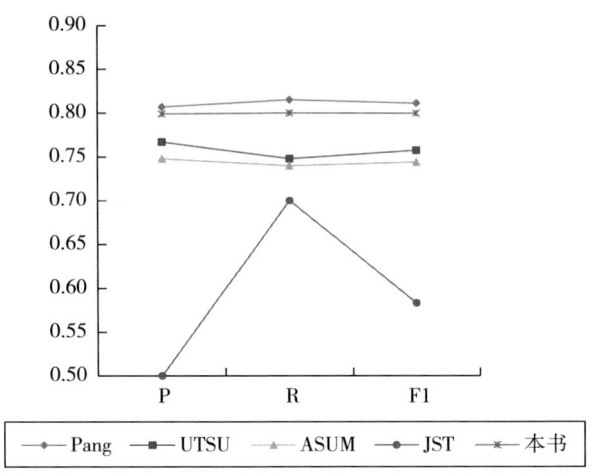

图6.8 情感分类效果对比

从图 6.8 可以看出，综合考虑准确率和召回率，效果最好的是 Pang 的方法。但 Pang 的方法是基于向量空间模型的有监督学习方法，需要先对标注好的样本进行训练才能测试。其他 4 种无监督算法中，USTU 模型、ASUM 模型以及本书提出的基于主题相似性的情感分类模型，本书的结果明显优于其他模型，综合评价指标 F1 值比其他模型高 3% 到 20% 不等，验证了本书算法的有效性。综合以上实验，本书所提出的基于主题相似性的情感分类模型，当 λ 在区间 [0, 0.03] 内任意取值时，评论的情感分类 F1 值可以达到比较理想的结果，有效地判别评论的情感倾向。

第三步，验证情感分类模型的领域可移植性。

为了进一步验证本书所提出的基于主题相似性的情感分类方法的领域可移植性，分别在酒店、图书及手机三类产品的数据集（表 6.3 Corp2~4）上进行测试。算法参数设置与 Corp1 实验相同，参数 λ 随机取自区间 [0, 0.03]，情感分类结果如图 6.9 所示。

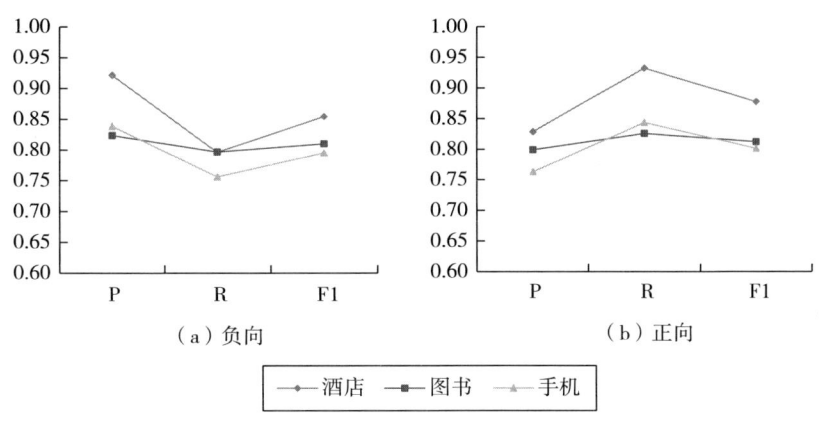

图 6.9　领域可移植性实验结果

由图 6.9 可以看出，本书方法在不同领域的评论上均展现了较好的性能，综合 F1 值达到 80% 以上，这充分说明了该方法在领域可移植上的优越性。另外，在 F1 值表现上，酒店类评论达到 85% 以上，而在图书类和手机类均在 80% 左右。这是因为，酒店类评论主题相对集中，基本围绕地理位置、房间大小及卫生、周边环境等，因而理想评论能够更全面地包含所有评论的主题；而图书类评论中，消费者大多会对图书的内容进行评价，由于图书题材及内容的广泛性，使得构造理想评论的全面性较低，进而判别结果有所降低；同样地，手机类产品的评论主题通常也较多，包括手机多样的性能及用户差异性体验等，因而 F1 值也在 80% 左右。

以上实验验证了本书所提的基于主题相似性评论情感分类模型的有效性。具体地，总结如下：①利用情感词典及主题词向量能有效判别主题的情感极性；②基于主题情感极性的近似理想评论构造方法产生的理想正、负评论的相似度达 -0.78，情感极性两极化明显；③在准确率、召回率及 F1 值表现上，本书算法比 Pang 等人的有监督算法低，但是优于其他主题情感混合模型；④本书方法具有优越的领域可移植性，在不同领域数据集上表现较好。该模型的主要创新在于：基于文本相似性的情感分类方法通常是两条评论相互比较，而本书引入理想评论并扩充为理想评论集，通过比较评论和理想评论集内所有评论的相似度得到每条评论的情感倾向值，丰富了在线评论情感分类方法和理论。

（三）微博口碑情感传播实例分析

不同于电子商务平台或者专业点评平台上的产品评论，消费者发布在社交网络平台上的产品口碑信息通常只有文本、图片或者视频等，不会进行明确的评分。因此，对于社交网络上的产品评论信息，从文本评论中直接挖掘消费者的情感信息更加重要。

本部分采用基于主题相似性的情感分类方法对所爬取的三星 Note 8 产品口碑信息进行情感分类，分析口碑情感传播过程。

1. 基于 LDA 模型发现评论集的主题，并计算主题情感

设置参数如下：参数设置为 $\alpha = 1.25$，$\beta = 0.01$，主题数 $k = 40$，迭代次数 50000。基于扩充后的情感词典计算得到每个主题的情感极性。表 6.6 列出了部分主题及主题情感。

表 6.6 三星 Note 8 口碑主题情感极性

序数	主题词向量	情感值	情感极性
1	真 很 喜欢 外观 知道 而且 期待 其实 一喷 被 s7edge 您 事件 消费者 办法 高 提 喷子 年	0.152	正向
2	好 感觉 点 挺 东西 讲 真的 产品 真是 如果 s6 优化 买不起 肾 哦 国家 s^ 只要 价格	0.292	正向
3	萨德 韩国 抵制 货 炸弹 滚 韩 支持 美国 部署 考虑 掉 以 赚 住 讨论 此 南 关系 打开	-0.321	负向
4	三星 电池 问题 从 最 垃圾 逼 任何 s7edge 总 好多 懂 满 个人 机会 手榴弹 三年 关键 发生 喽	-0.045	负向
5	屏 太 曲面 贵 S8 碎 全面 2 摔 烫 说实话 解决 今晚 iPhone 回来 后面 S4 加油 保证 双	-0.055	负向

由表 6.6 可以看出，关于三星 Note 8 产品的评论主题的情感判别较为正确，结合其他主题情感值发现，正向极性的主题多表达手机外观以及来自三星"死忠粉"的正面情感；负向极性的主题则多围绕爆炸、萨德、抵制韩国等三星品牌形象的表达，以及对之前产品的电池、性能的体验表达。

2. 通过构造理想评论，并计算每条评论和理想评论集的相似度得到每条评论的情感值

统计每分钟的正、负评论数得到正、负面口碑在传播时间内的传播范围变化，如图 6.10 所示。在传播初始时刻，即 $t=0$ 时，初始口碑源中正、负评论数比值为 2∶4，初始情感值分布 $Em_0 =$ [1.48, 2.03, -1.78, -1.71, -1.54, -1.05]，网络初始平均情感值为 $-0.428 < 0$。

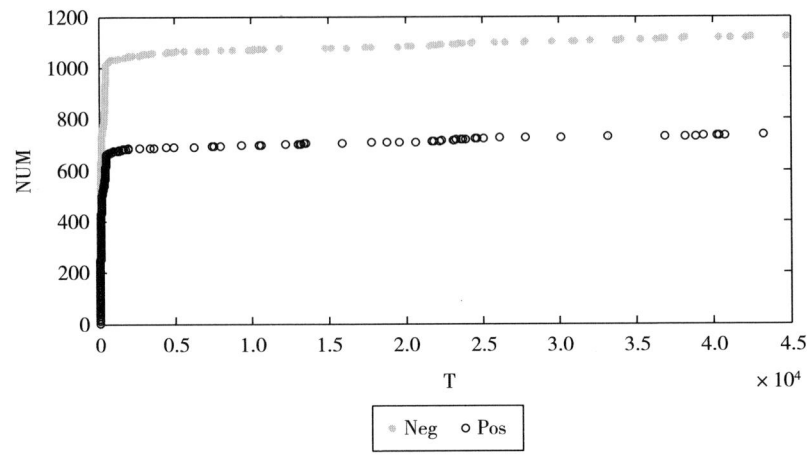

图 6.10 三星 Note 8 产品口碑情感传播过程

由图 6.10 可以看出，由于初始时刻负面口碑所占比例较高，而且初始情感强度较为均衡，因此，负面口碑在网络中的传播速度更快、范围更广。这与第五章所提出的情感传播模型的模拟结果一致，即口碑情感的传播与初始口碑源正、负情感的比例以及情感强度有关。另外，由于本书所采集的评论是在产品正式发售前后，大部分消费者并没有直接的产品使用体验，所产生的口碑中大部分是基于对三星品牌形象以及对之前三星系列产品的评价。三星 Note 7 爆炸事件以及韩国萨德事件使得三星品牌形象在国内急剧下降，导致新产品口碑传播初期的较高的负面情绪，此时，企业应积极采取策略，提升资源投入量对于控制负面口碑传播将产生较大效用。

第六章 在线口碑正负情感提取及其传播实例分析

四、本章小结

新浪微博是国内社交网络的典型代表之一，其庞大的用户量为企业营销提供了新的阵地。本章以新浪微博上三星 Note 8 产品口碑为例，基于实际数据分析了在线口碑信息以及情感的传播过程，并验证了所提理论模型的必要性和有效性，对企业获取并分析口碑信息具有重要的实际意义。本章主要工作总结如下：

首先，基于实际评论数据集分析了三星 Note 8 产品的传播过程，发现微博上口碑传播过程具有明显的爆发—渐近效应，即在初始阶段迅速爆发，随后进入缓慢持续传播过程。

其次，以基于个体兴趣转移口碑传播模型 UI – model，模拟了三星 Note 8 口碑传播过程，与对比模型 None – UI – model 相比，发现本书提出的 UI – model 模型能更好地描述微博中口碑传播的爆发—渐近效应，验证了理论模型的有效性。

最后，提出了一种基于主题情感相似性的文本评论情感分类方法，自动判别评论的正、负极性，并在标准评论集上验证了该方法的准确性和领域可移植性；在此基础上，分析了三星 Note 8 产品的口碑情感传播过程，发现由于三星 Note 7 爆炸事件以及韩国萨德事件，国内三星品牌形象急剧下降，直接影响新产品的初始口碑情感，负面口碑在消费者中广泛传播。

第七章
结论与展望

本章对全书主要工作及结论进行归纳总结,详细阐述研究的主要创新点,指出研究的局限性,并对未来进一步工作进行展望。

一、结论

当今,社交媒体应用已经成为企业不可或缺的重要部分。消费者在社交网络上大量发布关于产品体验的评论,产生在线口碑,对品牌形象影响极大,控制在线口碑在社交网络中的传播问题备受关注。因此,本书基于复杂网络的方法分别从消费者行为、网络结构以及口碑情感三个角度出发,研究在线口碑传播问题，取得了以下研究成果：

（一）从消费者角度出发，研究了个体兴趣转移行为对社交网络上口碑传播过程的影响

首先，基于传染病模型，考虑口碑信息传播中的社会强化现象，加入消费者兴趣转移因素，构建了模块化网络中的连续时间马尔科夫在线口碑传播模型。其次，通过数值实验分析，发现兴趣转移行为可以直接改变获得口碑信息消费者的数量，进而影响传播速度，在口碑传播初期引起更多消费者的兴趣是成功传播口碑的关键；同时，发现个体兴趣转移行为对在高度模块化或者低社区连边密度的网络上的口碑传播过程作用更加剧烈。

（二）从网络结构角度出发，考虑社交网络结构的动态属性，研究了模块化网络的动态变化性质如何影响在线口碑传播过程的问题

首先，以流动速率和社区吸引力的两个参数描述了动态社区结构，在此基础上，构建了动态社区网络结构网络上的连续时间马尔可夫在线口碑传播模型。通过求解模型的基本再生数，发现消费者在不同社区之间的流动降低了口碑传播阈值，这有利于传播的开始。另外，初始传播平台的网络社区集聚系数较高或者模块度较低，均可提高基本再生数，说明不论企业选择社区内部联系紧密的微信平台还是社区之间互动较多的微博平台，都可以激发在线口碑的传播。其次，通过数值分析实验，发现个体流动速率和社区吸引力显著影响口碑信息传播过程，尤其是在初期爆发阶段。由流动性和社区吸引力差异引起的消费者聚集效应，可使优势社区的局部传播显著增强，进而提升全局传播速度。最后，发现在社区结构强的网络上流动性对口碑传播的促进作用要大得多。然而，也发现社会流动性并不能总是有效地加速在线口碑的传播。当所有社区具有相同的吸引力时，提高或降低流动速率将不再促进或抑制口碑信息传播。

（三）从在线口碑本身出发，考虑企业干预因素，研究了社交网络上在线口碑情感信息的传播过程

首先，基于传染病模型构建了基本的在线口碑正负情感传播模型，用传播状态和口碑情感值两个属性刻画消费者肖像，将情感的传播融合于口碑信息的传播过程中；进一步，在基本模型基础上，将企业干预考虑进来，模拟了企业干预对在线口碑情感传播过程的影响。其次，通过仿真实验，发现初始口碑源的情感特征可显著影响口碑情感传播过程，口碑情感传播一方面受初始正、负情感口碑比例的影响，另一方面更受初始口碑情感强度的影响，强情感强度的情感更具传染性。另外，消费者对全局情感信息的感知能力也能有效影响口碑传播过程，平均感知度越高，受极端评论的影响越小，而感知能力的差异程度并不能产生显著影响。最后，在控制负面口碑传播研究中，发现口碑传播初始阶段，是企业采取措施的黄金时间，此阶段，企业增加单位资源投入可产生显著抑制负面口碑效应，而且，企业感知风险时间越

早,所产生的效果越强。而在传播中后期,企业干预对在线口碑情感信息传播则影响较弱。

(四)从企业管理口碑实践指导角度,研究了在线口碑正负情感提取方法并分析了新浪微博上三星 Note 8 手机产品口碑信息及情感信息的传播过程

首先,采集微博上关于三星 Note 8 手机产品 2017 年 9～10 月的文本评论,分析了三星 Note 8 产品在线口碑的传播过程,发现微博上口碑传播过程具有明显的爆发—渐近效应,即在初始阶段迅速爆发,随后进入缓慢持续传播过程。其次,以基于个体兴趣转移口碑传播模型模拟了三星 Note 8 口碑传播过程,与对比模型相比,发现本书提出的兴趣转移模型能更好地描述微博口碑传播的爆发—渐近效应,验证了理论模型的有效性。最后,提出了一种基于主题情感相似性的文本评论情感分类方法,自动判别评论的正、负极性,提取在线口碑的正负情感,并在标准评论集上验证了该方法的准确性和领域可移植性;在此基础上,分析了三星 Note 8 产品的在线口碑情感信息传播过程,发现由于三星 Note 7 手机爆炸事件以及韩国萨德事件,国内三星品牌形象急剧下降,直接影响新产品 Note 8 手机的初始口碑情感,负面口碑在消费者中广泛传播。

二、主要创新点

本书旨在发现社交网络中口碑信息及情感的传播机制和规律，为达到这一目的，从不同角度分析了在线口碑传播过程中的影响因素，构建了不同情形下口碑传播的动力学模型，通过数值分析以及仿真实验探讨了消费者行为、网络结构以及口碑情感等因素对在线口碑传播的影响，并基于实际数据，实例分析了口碑传播过程。基于以上工作，本书的主要创新点归纳如下：

（一）构建个体兴趣转移行为下在线口碑传播模型，为分析短生命周期产品口碑传播中消费者兴趣转移行为的影响提供了理论模型

针对短生命周期产品口碑传播中的消费者兴趣转移现象，提出了一个同时考虑网络拓扑结构和个体兴趣转移行为的连续时间马尔科夫在线口碑传播模型，模型中加入不感兴趣状态节点，刻画了消费者兴趣转移行为，为研究消费者行为对口碑传播的影响提供了新的思路。基于新浪微博三星 Note 8 手机产品的口碑传播数据分析，表明与现有模型相比，考虑兴趣转移行为的模型能更好地模拟微博口碑传播中出现的爆发—渐近效应。

（二）考虑网络社区结构的动态属性，构建动态网络结构上在线口碑传播模型，为分析长生命周期产品口碑传播中网络结构动态属性的影响提供一种新方法

针对长生命周期产品口碑传播中的消费者社交网络结构不断变化的特点，提出了基于 ODE 方法的动态模块化网络中的连续时间马尔可夫口碑传播动力学模型，引入流动速率和社区吸引力两个参数描述社区结构的动态变化性质，将微观消费者个体行为和中观网络社区结构变化相结合。区别于现有的微观动态网络传播模型，该模型从中观角度研究了动态网络上的传播动力学过程，并分析了中尺度结构的动态属性对传播过程的影响，拓展了动态网络传播动力学理论和方法。

（三）考虑网络全局情感，构建了企业干预下在线口碑情感传播模型，为研究正、负面口碑同时传播问题提供了理论模型，完善了社交网络情感传播理论框架

针对在线口碑传播中正、负面口碑同时传播的现象，分析了在线口碑情感产生和传播机理，基于信息传播模型，提出了一个考虑网络全局情感以及企业干预的在线口碑情感传播模型，该模型能有效描述消费者主动搜索口碑行为中发生的情感传播现象，并为企业干预口碑情感传播提供理论依据。基于三星 Note 8 手机的口碑情感传播数据分析，表明该模型能有效模拟正、负面口碑的传播过程。另外，这种将情感传播融于信息传播过程的建模方

法，也为研究社交网络上情感传播过程提供了新的思路。

三、局限和展望

本书考虑不同角度下多种因素研究了在线口碑传播机制及规律，并探讨了口碑情感传播过程以及企业控制策略。虽然取得了一定的成果，但仍存在一些问题需要深入拓展和完善，具体包括：

所构建的口碑传播模型中，对于消费者之间社会关系的刻画采用的是社区划分，即认为相同社区的所有消费者之间互为朋友的概率相同，均较高，不同社区之间的消费者则均较弱。而实际中，虽然同属于一个社区，但是节点的度值差异较大，如何更加详细地刻画消费者的社会关系，有待进一步研究。

在口碑传播概率中，探讨了社会关系强度对传播概率的影响，但并未考虑消费者影响力以及口碑情感极性的不同。实际中，意见领袖和普通消费者传递的信息的传播概率是不同的，而且通常负面口碑比正面口碑更具感染性，这些差异性对企业更好地制定营销策略具有重要意义，有待进一步分析。

本书采用的传播模型主要基于传染病模型，而信息传播过程较传染病传播有更复杂的因素，探讨本质区别于传染病模型的信息传播模型依然是一项极具挑战性的工作。在强大的数据分析技术支持下，数据驱动的模型在各个领域备受关注，希望在未来研究中能采集更多的口碑传播实际数据，从真实数据出发建立在线口碑传播模型，深入研究口碑传播机制和规律。

参考文献

[1] Alessandretti L, Sun K, Baronchelli A, et al. Random walks on activity-driven networks with attractiveness. [J]. Physical Review E Statistical Nonlinear & Soft Matter Physics. 2017, 95 (5-1): 52318.

[2] Arndt J. Perceived risk: Sociometric integration and word of mouth in the adoption of a new food product [J]. Risk Taking and Information Handling in Consumer Behavior. 1967 (1): 289-316.

[3] Asur S, Parthasarathy S, Ucar D. An event-based framework for characterizing the evolutionary behavior of interaction graphs [C]. ACM SIGKDD International Conference on Knowledge Discovery and Data Mining. ACM, 2007: 913-921.

[4] Bae Y, Lee H. Sentiment analysis of twitter audiences: Measuring the positive or negative influence of popular twitterers [J]. Journal of the American Society for Information Science & Technology. 2012, 63 (12): 2521-2535.

[5] Barabasi A L, Albert R. Emergence of scaling in random networks [J]. Science. 1999, 286 (5439): 509.

[6] Barthélemy M, Barrat A, Pastorsatorras R, et al. Velocity and hierarchical spread of epidemic outbreaks in scale - free networks [J]. Physical Review Letters. 2004, 92 (17): 178 -701.

[7] Bian Y. Bringing strong ties back in: Indirect ties, network bridges, and job searches in China [J]. American Sociological Review. 1997, 62 (3): 366 -385.

[8] Blazevic V, Hammedi W, Garnefeld I, et al. Beyond traditional word - of - mouth: An expanded model of customer - driven influence [J]. Journal of Service Management. 2013, 24 (3): 294 -313.

[9] Bollen J, Gonçalves B, Ruan G, et al. Happiness is assortative in online social networks [J]. Artificial Life. 2011, 17 (3): 237 -251.

[10] Brucks M. The effects of product class knowledge on information search behavior [J]. Journal of Consumer Research. 1985, 12 (1): 1 -16.

[11] Brummitt C D, Lee K M, Goh K I. Multiplexity - facilitated cascades in networks [J]. Physical Review E Statistical Nonlinear & Soft Matter Physics. 2012, 85 (04): 045102.

[12] Centola D, Eguíluz V M, Macy M W. Cascade dynamics of complex propagation [J]. Physica A Statistical Mechanics & Its

Applications. 2007, 374（1）：449 – 456.

［13］Centola D. The spread of behavior in an online social network experiment［J］. Science. 2010, 329（5996）：1194.

［14］Chaffey D. Global social media statistics summary 2016［J］. Smart Insights. 2016,（2015）：1 – 16.

［15］Chevalier J A, Mayzlin D. The effect of word of mouth on sales：online book reviews［J］. Journal of Marketing Research. 2003, 43（3）：345 – 354.

［16］Cic K M. China Social Media Landscape［R］. 2017.

［17］Coviello L, Sohn Y, Kramer A D I, et al. Detecting emotional contagion in massive social networks［J］. Plos One. 2014, 9（3）：e90315.

［18］Cui G, Lui H K, Guo X. The effect of online consumer reviews on new product sales［J］. International Journal of Electronic Commerce. 2012, 17（1）：39 – 58.

［19］De Valck K, Van Bruggen G H, Wierenga B. Virtual communities：A marketing perspective［J］. Decision Support Systems. 2009, 47（3）：185 – 203.

［20］Dellarocas C, Narayan R. Tall heads vs. long tails：Do consumer reviews increase the informational inequality between hit and niche products?［M］. Social Science Electronic Publishing. 2008. Available at SSRN：http：//ssrn. com/abstract = 1105956.

［21］Dellarocas C. The digitization of word of mouth：Promise

and challenges of online feedback mechanisms [J]. Management Science. 2003, 49 (10): 1407 – 1424.

[22] Dichter. How Word – of – Mouth advertising works [J]. Harvard Business Review. 1966, 44 (6): 147 – 166.

[23] Erkan I, Evans C. Social media or shopping websites? The influence of eWOM on consumers' online purchase intentions [J]. Journal of Marketing Communications. 2016 (1): 1 – 17.

[24] Feng Y, Ding L, Huang Y H, et al. Epidemic spreading on weighted networks with adaptive topology based on infective information [J]. Physica A Statistical Mechanics & Its Applications. 2016 (463): 493 – 502.

[25] Ferrara E. Community structure discovery in Facebook [J]. International Journal of Social Network Mining. 2012, 1 (1): 67 – 90.

[26] Gallos L K, Makse H A. Scaling theory of transport in complex biological networks [C]. Proceedings of the National Academy of Sciences of the United States of America. 2007.

[27] Gilly M C, Graham J L, Wolfinbarger M F, et al. A dyadic study of interpersonal information search [J]. Journal of the Academy of Marketing Science. 1998, 26 (2): 83 – 100.

[28] Girvan M, Newman M E. Community structure in social and biological networks [C]. Proceedings of the National Academy of Science. 2006, 99 (12): 7821 – 7826.

[29] Goldenberg J, Libai B, Muller E. Talk of the network: A complex systems look at the underlying process of Word – of – Mouth [J]. Marketing Letters. 2001, 12 (3): 211 – 223.

[30] Goncalves B, Perra N, Vespignani A. Modeling users' activity on Twitter networks: Validation of Dunbar's number [J]. Plos One. 2011, 6 (8): e22656.

[31] Granovetter M. Economic action and social structure: The problem of embeddedness [J]. American Journal of Sociology. 1985, 91 (3): 481 – 510.

[32] Granovetter M. Threshold models of collective behavior [J]. American Journal of Sociology. 1978, 83 (6): 1420 – 1443.

[33] Gross T, D'Lima C J, Blasius B. Epidemic dynamics on an adaptive network [J]. Physical Review Letters. 2006, 96 (20): 208701.

[34] Guille A, Hacid H. A predictive model for the temporal dynamics of information diffusion in online social networks [C]. Proceedings of the 21st ACM International Conference on World Wide Web, ACM Press, New York. 2012: 1145 – 1152.

[35] Guo D, Trajanovski S, Van D B R, et al. Epidemic threshold and topological structure of susceptible – infectious – susceptible epidemics in adaptive networks. [J]. Physical Review E Statistical Nonlinear & Soft Matter Physics. 2013, 88 (1): 42802.

[36] Guo Q, Lei Y, Jiang X, et al. Epidemic spreading with

activity – driven awareness diffusion on multiplex network [J]. Chaos. 2016, 26 (4): 3200.

[37] Gvili Y, Levy S. Antecedents of attitudes toward eWOM communication: Differences across channels [J]. Internet Research. 2016, 26 (5): 1030.

[38] Hamilton K E, Pryadko L P. Tight lower bound for percolation threshold on an infinite graph [J]. Physical Review Letter. 2014, 113 (20): 208701.

[39] Hennig – Thurau T, Gwinner K P, Walsh G, et al. Electronic word – of – mouth via consumer – opinion platforms: What motivates consumers to articulate themselves on the Internet? [J]. Journal of Interactive Marketing. 2004, 18 (1): 38 – 52.

[40] Hennig – Thurau T, Malthouse E C, Friege C, et al. The impact of new media on customer relationships [J]. Journal of Service Research. 2010, 13 (3): 311 – 330.

[41] Hennig – Thurau T, Wiertz C, Feldhaus F. Does Twitter matter? The impact of microblogging word of mouth on consumers' adoption of new movies [J]. Journal of the Academy of Marketing Science. 2015, 43 (3): 375 – 394.

[42] Herr P M, Kardes F R, Kim J. Effects of word – of – mouth and product – attribute information on persuasion: an accessibility – diagnosticity perspective [J]. Journal of Consumer Research. 1991, 17 (4): 454 – 462.

［43］Hoffman D L, Novak T P. Marketing in hypermedia computer – mediated environments: Conceptual foundations［J］. Journal of Marketing. 1996, 60（3）: 50 – 68.

［44］Holme P, Saramaki J. Temporal networks［J］. Physics Reports. 2012, 519（3）: 97 – 125.

［45］Holme P. Analyzing temporal networks in social media［C］. Proceedings of the IEEE. 2014, 102（12）: 1922 – 1933.

［46］Hornik J, Satchi R S, Cesareo L, et al. Information dissemination via electronic word – of – mouth: Good news travels fast, bad news travels faster!［J］. Computers in Human Behavior. 2015, 45（C）: 273 – 280.

［47］House T, Keeling M J. Insights from unifying modern approximations to infections on networks［J］. Physical Review D Particles & Fields. 2011, 8（54）: 67 – 73.

［48］Hussain S, Ahmed W, Jafar R M S, et al. eWOM source credibility, perceived risk and food product customer's information adoption［J］. Computers in Human Behavior. 2017（66）: 96 – 102.

［49］Jo Y, Oh A H. Aspect and sentiment unification model for online review analysis［C］. ACM International Conference on Web Search and Data Mining. ACM, 2011: 815 – 824.

［50］Kaplan A M, Haenlein M. The early bird catches the news: Nine things you should know about micro – blogging［J］.

Business Horizons. 2011, 54 (2): 105 – 113.

[51] Katz E, Lazarsfeld P F, Roper E. Personal influence: The part played by people in the flow of mass communications [J]. Canadian Journal of Economics & Political Science. 1955, 80 (13): 1583.

[52] Kermack W O, McKendrick A G. A contribution to the mathematical theory of epidemics [C]. Proceedings of the Royal Society of London. 1927, Series A, 115: 700 – 721.

[53] Kermack W O, McKendrick A G. Contributions to the mathematical theory of epidemics ii: The problem of endemicity [J]. Proceedings of the Royal society of London. 1932, Series A, 138 (834): 55 – 83.

[54] Kim J, Gupta P. Emotional expressions in online user reviews: How they influence consumers' product evaluations [J]. Journal of Business Research. 2012, 65 (7): 985 – 992.

[55] King R A, Racherla P, Bush V D. What we know and don't know about online word – of – mouth: A review and synthesis of the literature [J]. Journal of Interactive Marking. 2014, 28 (3): 167 – 183.

[56] Kozinets R V, Valck K D, Wojnicki A C, et al. Networked narratives: Understanding word – of – mouth marketing in online communities [J]. Journal of Marking, 2010, 74 (2): 71 – 89.

[57] Lee D, Kim H S, Kim J K. The role of self – construal in

consumers' electronic word of mouth (eWOM) in social networking sites: A social cognitive approach [J]. Computers in Human Beahavior. 2012, 28 (3): 1054 – 1062.

[58] Lee W, Park S, Moon I C. Modeling multiple fields of collective emotions with brownian agent – based model [C]. In Proceedings of the Fourteenth International Conference on Autonomous Agents and Multi – Agent Systems. 2014: 797 – 804.

[59] Lee Y J, Hosanagar K, Tan Y. Do I follow my friends or the crowd? Information cascades in online movie ratings [J]. Management Science. 2015, 61 (9): 2241 – 2258.

[60] Lei Y, Jiang X, Guo Q, et al. Contagion processes on the static and activity – driven coupling networks [J]. Physical Review E Statistical Nonlinear & Soft Matter Physics. 2016, 93 (3 – 1): 32308.

[61] Li M, Guan S, Lai C H. Formation of modularity in a model of evolving networks [J]. Europhysics Letters. 2011, 95 (5): 981.

[62] Li M, Orgun M A, Xiao J, et al. The impact of human activity patterns on asymptomatic infectious processes in complex networks [J]. Physica A Statistical Mechanics & Its Applications. 2012, 391 (391): 3718 – 3728.

[63] Li X, Hitt L M. Self – selection and information role of online product reviews [J]. Information Systems Research. 2008, 19

（4）：456－474.

［64］Li Y Y, Ma S Q, Zhang Y H, et al. An improved mix framework for opinion leader identification in online learning communities［J］. Knowledge－Based Systems. 2013, 43：43－51.

［65］Liggett T M. Interacting particle systems［M］. Springer, New York. 1985.

［66］Lin C A, Xu X. Effectiveness of online consumer reviews: The influence of source trustworthiness, valence, reviewer ethnicity and social distance［J］. Internet Research. 2017, 27（2）：362－380.

［67］Lin C, He Y. Joint sentiment/topic model for sentiment analysis［C］. ACM Conference on Information and Knowledge Management. ACM, 2009：375－384.

［68］Lin Y H, Hsu C L, Chen M F, et al. New gratifications for social word－of－mouth spread via mobile SNSs: Uses and gratifications approach with a perspective of media technology［J］. Telematics & Informatics. 2017, 34（4）：382－397.

［69］Litvin S W, Goldsmith R E. Electronic word－of－mouth in hospitality and tourism management［J］. Tourism Management. 2008, 29（3）：458－468.

［70］Liu M X, Wang W, Liu Y, et al. Social contagions on time－varying community networks［J］. Physical Review E. 2017, 95（5－1）：52306.

[71] Liu S, Baronchelli A, Perra N. Contagion dynamics in time-varying metapopulation networks [J]. Physical Review E Statistical Physics Plasmas Fluids & Related Interdisciplinary Topics. 2012, 87 (3): 411-427.

[72] Liu Y. Word of mouth for movies: Its dynamics and impact on box office revenue [J]. Journal of Marketing. 2006, 70 (3): 74-89.

[73] Luarn P, Huang P, Chiu Y P, et al. Motivations to engage in word-of-mouth behavior on social network sites [J]. Information Development. 2016, 32 (4).

[74] Ma J, Li D, Tian Z. Rumor spreading in online social networks by considering the bipolar social reinforcement [J]. Physica A Statistical Mechanics & Its Applications. 2016 (447): 108-115.

[75] Mã Nsted B, Sapieå Yå Ski P, Ferrara E, et al. Evidence of complex contagion of information in social media: An experiment using Twitter bots [J]. Plos One. 2017, 12 (9): e0184148.

[76] Medvedev A N, Kertesz J. Empirical study of the role of the topology in spreading on communication networks [J]. Physica A Statistical Mechanics & Its Applications. 2017, 470: 12-19.

[77] Milgram S. The small world problem [J]. Psychology Today. 1967, 2 (1): 185-195.

[78] Miller V. New media, networking and phatic culture [J]. Convergence. 2011, 14 (4): 387-400.

[79] Mudambi S M, Schuff D. What makes a helpful online review? A study of customer reviews on amazon. com [J]. MIS Quarterly. 2012, 34 (1): 185 – 200.

[80] Nematzadeh A, Ferrara E, Flammini A, et al. Optimal network modularity for information diffusion [J]. Physical Review Letters. 2014, 113 (8): 88701.

[81] Newman M E J. The structure and function of complex networks [J]. Siam Review. 2003, 45 (2): 167 – 256.

[82] Ogura M, Preciado V M. Epidemic processes over adaptive state – dependent networks [J]. Physical Review E Statistical Nonlinear & Soft Matter Physics. 2016, 93 (6 – 1): 62316.

[83] Ohanian R. Construction and validation of a scale to measure celebrity endorsers' perceived expertise, trustworthiness, and attractiveness [J]. Journal of Advertising. 1990, 19 (3): 39 – 52.

[84] Okazaki S, Andreu L, Campo S. Knowledge sharing among tourists via social media: A comparison between Facebook and TripAdvisor [J]. International Journal of Tourism Research. 2017, 19 (1): 107 – 119.

[85] Pang T B, Pang B, Lee L. Thumbs up? Sentiment Classification using Machine Learning techniques [J]. Proceedings of the 2002 Conference on Empirical Methods in Natural Language Processing. 2002: 79 – 86.

[86] Perra N, Baronchelli A, Mocanu D, et al. Random walks

and search in time-varying networks [J]. Physical Review Letters. 2012, 109 (23): 238701.

[87] Perra N, Gonçalves B, Pastorsatorras R, et al. Activity driven modeling of time varying networks [J]. Science Reports. 2012, 2 (6): 469.

[88] Pfitzner R, Scholtes I, Garas A, et al. Betweenness preference: Quantifying correlations in the topological dynamics of temporal networks [J]. Physical Review Letter. 2013, 110 (19): 198701.

[89] Rao J, Sun J, Zhang Y, et al. Quantitative study of individual emotional states in social networks [J]. IEEE Transactions on Affective Computing. 2012, 3 (2): 132-144.

[90] Ren G, Wang X. Epidemic spreading in time-varying community networks [J]. Chaos: An Interdisciplinary Journal of Nonlinear Science, 2014, 24 (2): 023116.

[91] Resnick P. Reputation systems [J]. Communications of the Acm. 2000, 43 (12): 45-48.

[92] Rogers E M, Cartano D G. Methods of measuring opinion leadership [J]. Public Opinion Quarterly. 1962, 26 (3): 435-441.

[93] Saito K, Kimura M, Ohara K, Motoda H. Selecting information diffusion models over social networks for behavioral analysis [J]. Machine Learning and Knowledge Discovery in Databases, Springer, 2010: 180-195.

[94] Salathé M, Jones J H. Dynamics and control of diseases in networks with community structure [J]. Plos Computational Biology. 2010, 6 (4): 387 –395.

[95] Schau H J, Muniz A M, Arnould E J. How brand community practices create value [J]. Journal of Marketing. 2009, 73 (5): 30 –51.

[96] Starnini M, Pastor – Satorras R. Temporal percolation in activity – driven networks [J]. Physical Review E Statistical Nonlinear & Soft Matter Physics. 2014, 89 (3): 32807.

[97] Szell M, Lambiotte R, Thurner S. Multirelational organization of large – scale social networks in an online world [J]. Proceedings of the National Academy of Sciences of the United States of America. 2010, 107 (31): 13636 –13641.

[98] Trajanovski S, Guo D, Van M P. From epidemics to information propagation: striking differences in structurally similar adaptive network models [J]. Phys Rev. E. Stat Nonlin Soft Matter Phys. 2015, 92 (3 –1): 30801.

[99] Ubaldi E, Vezzani A, Karsai M, et al. Burstiness and tie activation strategies in time – varying social networks [J]. Scientific Reports. 2017 (7): 46225.

[100] Van D D P, Watmough J. Reproduction numbers and sub – threshold endemic equilibria for compartmental models of disease transmission [J]. Mathematical Biosciences. 2002, 180(1 –2): 29 –48.

[101] Verhagen T, Nauta A, Feldberg F. Negative online word-of-mouth: Behavioral indicator or emotional release? [J]. Computers in Human Behavior. 2013, 29 (4): 1430-1440.

[102] Wang F, Wang H, Xu K. Diffusive logistic model towards predicting information diffusion in online social networks [C]. Proceedings of the 32nd International Conference on Distributed Computing Systems Workshops, IEEE Press. 2012: 133-139.

[103] Wang Q, Wang L, Zhang X, et al. The impact research of online reviews' sentiment polarity presentation on consumer purchase decision [J]. Information Technology & People. 2017, 30 (3): 522-541.

[104] Watts D J, Strogatz S H. Collective dynamics of "small-world" networks [J]. Nature. 1998, 393 (6684): 440.

[105] Watts D J. A simple model of global cascades on random networks [C]. Proceedings of the National Academy of Sciences of the United States of America. 2002, 99 (9): 5766.

[106] Weng L, Menczer F, Ahn Y Y. Virality prediction and community structure in social networks [J]. Scientific Reports. 2013, 3 (8): 2522.

[107] Werbler C, Hamis C. Online consumer reviews significantly impact consumer purchasing decisions [R]. 2008.

[108] Wetzer I M, Zeelenberg M, Pieters R. "Never eat in that restaurant, I did!": Exploring why people engage in negative word-

of – mouth communication [J]. Psychology & Marketing. 2010, 24 (8): 661 – 680.

[109] Wu J, Du R, Zheng Y Y, et al. Optimal multi – community network modularity for information diffusion [J]. International Journal of Modern Physics C. 2016, 27 (08).

[110] Xu Y, Xu H, Zhang D, et al. Finding overlapping community from social networks based on community forest model [J]. Knowledge – Based Systems. 2016, 109: 238 – 255.

[111] Yagan O, Gligor V. Analysis of complex contagions in random multiplex networks [J]. Physical Review E Statistical Nonlinear & Soft Matter Physics. 2012, 86 (86): 036103.

[112] Yamamoto H, Matsumura N. Optimal heterophily for word – of – mouth diffusion [C]. In Proc. ICWSM. 2009.

[113] Yang K, Guo Q, Li S N, et al. Evolution properties of the community members for dynamic networks [J]. Physics Letters A. 2017, 381 (11): 970 – 975.

[114] Yang R, Wang B H, Ren J, et al. Epidemic spreading on heterogeneous networks with identical infectivity [J]. Physics Letters A. 2007, 364 (3): 189 – 193.

[115] Yeh Y, Choi S M. Mini – lovers, maxi – mouths: An investigation of antecedents to eWOM intention among brand community members [J]. Journal of Marketing Communications. 2011, 17 (3): 145 – 162.

[116] Zheng M, Lv L, Zhao M. Spreading in online social networks: the role of social reinforcement [J]. Physical Review E Statistical Nonlinear & Soft Matter Physics. 2013, 88 (1): 12818.

[117] Zhou C, Zhao Q, Lu W. Impact of repeated exposures on information spreading in social networks [J]. Plos One. 2015, 10 (10): e140556.

[118] Zino L, Rizzo A, Porfiri M. Continuous – time discrete – distribution theory for activity – driven networks [J]. Physical Review Letters. 2016, 117 (22): 228302.

[119] 卜湛, 伍之昂, 曹杰等. 在线评论情感计算与博弈预测 [J]. 电子学报, 2015, 43 (12): 2530 – 2535.

[120] 蔡淑琴, 王伟, 周鹏等. 基于多智能体的网络社区负面口碑信息传播研究 [J]. 计算机科学, 2016, 43 (4): 70 – 75.

[121] 蔡淑琴, 袁乾, 周鹏. 企业响应下负面口碑线性阈值传播模型研究 [J]. 系统工程学报, 2017, 32 (2): 145 – 155.

[122] 陈明亮, 章晶晶. 网络口碑再传播意愿影响因素的实证研究 [J]. 浙江大学学报（人文社会科学版）, 2008, 38 (5): 127 – 135.

[123] 杜学美, 丁璟好, 谢志鸿等. 在线评论对消费者购买意愿的影响研究 [J]. 管理评论, 2016, 28 (3): 173 – 183.

[124] 冯芷艳, 郭迅华, 曾大军等. 大数据背景下商务管理研究若干前沿课题 [J]. 管理科学学报, 2013, 16 (1): 1 – 9.

［125］黄敏学，王峰，谢亭亭．口碑传播研究综述及其在网络环境下的研究初探［J］．管理学报，2010，7（1）：138－146.

［126］刘德寰，陈斯洛．广告传播新法则：从 AIDMA、AISAS 到 ISMAS［J］．广告大观：综合版，2013（4）：96－98.

［127］鲁奇．基于在线口碑的开放互动对服务企业绩效的影响研究［D］．哈尔滨工业大学，2014.

［128］沈璐，庄贵军，姝曼等．SNS 中品牌帖子的信息特征对消费者口碑传播行为的影响［J］．软科学，2014（11）：103－106.

［129］孙艳，周学广，付伟．基于主题情感混合模型的无监督文本情感分析［J］．北京大学学报（自然科学版），2013，49（1）：102－108.

［130］唐李洋．基于社交媒体大数据的 Twitter 营销策略研究［D］．合肥工业大学，2015.

［131］唐雪梅，赖胜强，朱敏．网络口碑信息特征对受众再传播意愿影响研究［J］．情报杂志，2012，31（4）：133－137.

［132］提姆·奥莱理，玄伟剑．什么是 Web2.0［J］．互联网周刊，2005，(40)：38－40.

［133］铁翠香．基于信任和感知价值的网络口碑效应研究［D］．华中科技大学，2011.

［134］王珍，韩忠明，李晋．大规模数据下的社交网络结构洞节点发现算法研究［J］．计算机科学，2017，44（4）：188－192.

[135] 吴记. 在线品牌社区对顾客购买行为和口碑的影响[D]. 中国科学技术大学, 2015.

[136] 徐琳. 网络口碑和知识困境[J]. 现代经济探讨, 2007 (6): 76-78.

[137] 杨扬, 罗茜. 网络口碑的传播学特征与社会效应[J]. 重庆社会科学, 2016 (12): 84-88.

[138] 尹裴, 王洪伟. 面向产品特征的中文在线评论情感分类: 以本体建模为方法[J]. 系统管理学报, 2016, 25 (1): 103-114.

[139] 袁乾. 社会化媒体中面向负面口碑的信息资源管理方法[D]. 华中科技大学, 2015.

[140] 岳中刚, 王晓亚. 在线评论与消费者行为的研究进展与趋势展望[J]. 软科学, 2015 (6): 90-93.

附录：主要符号表

符号	代表意义
N	网络中节点数目
K	社区数目
M_i	第 i 个社区
C_i	第 i 个社区的聚类系数
Q	模块度
UI	对产品不感兴趣，未接收到口碑的消费者，即不感兴趣节点
US	对产品感兴趣，但未接收到口碑的消费者，即不满足节点
S	接收到口碑，并愿意继续传播的消费者，即满足节点
D	接收过口碑，但不愿意继续传播的消费者，即免疫节点
$X_i(t)$	t 时刻社区 M_i 中的处于满足状态 S 的消费者总数
$\{X_i(t)\}$	t 时刻社区 i 中所有处于满足状态 S 的消费者的集合
$Y_i(t)$	t 时刻社区 M_i 中的不满足状态 US 的消费者总数
$\{Y_i(t)\}$	t 时刻社区 i 中所有处于不满足状态 US 的消费者的集合
$Z_i(t)$	t 时刻社区 M_i 中的不感兴趣状态 UI 的消费者总数
$D_i(t)$	t 时刻社区 M_i 中的免疫状态 D 的消费者总数
μ	终止传播速率
ρ	兴趣转移速率
T	口碑信息的最大传播时间

续表

符号	代表意义
$R(T)$	在 T 时刻获得过口碑信息的消费者,即传播范围
$r(T)$	在 T 时刻获得过口碑信息的消费者占总用户数的比例
P_1	社区信任度
P_2	社会信任度
ω_i	社区 M_i 的吸引力
η	消费者在不同社区间的流动速率
ζ_k	消费者 k 的情感值
$|\zeta_k|$	消费者 k 的情感强度
ε_k	消费者 k 的全局感知因子
p_c	企业资源投入量
t_0	企业感知到风险的时刻
Doc	评论集
R_{ideal}^P、R_{ideal}^N	理想正、负评论
$\dot{R}$	一条评论的向量表示
z	主题
k	评论集的主题数
$\dot{T}$	评论的主题向量
$\vec{\theta}_R$	评论 R 在 k 个主题上概率分布
ϕ_z	主题 z 的词分布
$Twords_{z_i}$	主题 z_i 的代表词
D_{pos}、D_{neg}	正、负向代表评论集